Leonardo Gontijo

MANO
DOWN

Leonardo Gontijo

MANO DOWN

Copyright© 2020 by Literare Books International.
Todos os direitos desta edição são reservados à Literare Books International.

Presidente:
Mauricio Sita

Vice-presidente:
Alessandra Ksenhuck

Capa, projeto gráfico e diagramação:
Gabriel Uchima

Revisão:
Rodrigo Rainho

Diretora de projetos:
Gleide Santos

Diretora executiva:
Julyana Rosa

Gerente de marketing e desenvolvimento de negócios:
Horacio Corral

Relacionamento com o cliente:
Claudia Pires

Impressão:
Noschang

Dados Internacionais de Catalogação na Publicação (CIP)
(eDOC BRASIL, Belo Horizonte/MG)

G641m	Gontijo, Leonardo. Mano down: relatos de um irmão apaixonado / Leonardo Gontijo. – São Paulo, SP: Literare Books International, 2020. 16 x 23 cm ISBN 978-65-86939-39-2 1. Literatura de não-ficção. 2. Down, Síndrome de. 3. Família – Relação entre irmãos. I. Título. CDD 362.3

Elaborado por Maurício Amormino Júnior – CRB6/2422

Literare Books International Ltda.
Rua Antônio Augusto Covello, 472 – Vila Mariana – São Paulo, SP.
CEP 01550-060
Fone/fax: (0**11) 2659-0968
site: www.literarebooks.com.br
e-mail: contato@literarebooks.com.br

AGRADECIMENTOS

Dedico este livro às pessoas com deficiência, especialmente à minha paixão Eduardo.

Aos meus pais e a todos os amigos e familiares que contribuíram com a formação do Eduardo.

À minha mais nova paixão Eduarda, para que ela possa viver numa família que combata o preconceito. Se conseguirmos educar sua geração com menos preconceito em relação aos diferentes, todos nós normais e não normais viveremos, com certeza, em um mundo melhor.

Ao meu querido amigo Daniel Felipe Vale e aos jogadores Romário e Montilho, que mostraram ao mundo sua prova de amor por seus filhos.

E a todos que lutam contra o preconceito, especialmente ao Marcelo Nadur, autor do livro *Síndrome de Down – relato de um pai apaixonado*, que muito contribuiu com inspiração para este projeto.

PREFÁCIO

Este livro apresenta uma história de amor entre dois irmãos especiais. De um lado, o Eduardo, carinhosamente chamado de Du, um jovem de 21 anos com Síndrome de Down, e do outro, Leonardo, um jovem também especial pela sensibilidade e pela capacidade de amar de uma forma incondicional.

Os tópicos deste livro descrevem as etapas da vida do Du, seu relacionamento com os pais, irmãos, familiares, professores e amigos. Além disso, à medida que o autor menciona as experiências vividas e as dificuldades encontradas pela família e por ele próprio, esclarece ao leitor alguns dados e informações a respeito da Síndrome de Down.

Tive a oportunidade de conhecer Leonardo e um pouco da história do Du no curso de Gestão em Responsabilidade Social. Professora da disciplina de Diversidade e Inclusão, em sala de aula compartilhamos informações, ideias e experiências sobre a questão da inclusão de pessoas com deficiência no mercado de trabalho e na sociedade.

Como gestora do projeto social Espaço Especial, que trabalha a inclusão de jovens com paralisia cerebral através da arte, à medida que lia este livro, constatava que muitos dos momentos aqui citados se assemelham aos do meu cotidiano com esses jovens especiais e seus familiares.

Destaco aqui uma frase do Leonardo, quando se refere ao Du: "Ele me fez viver momentos mágicos e conquistou afeto num mundo onde os sentimentos positivos são gratuitos para os seres normais, mas difíceis de brotar quando se é imperfeito. Quanto ensinamento!". Os jovens especiais nos ensinam todos os dias. Basta, apenas, ter sensibilidade para perceber e incorporar esse ensinamento.

Parabenizo o Leonardo por ser essa pessoa especial e pela homenagem aqui prestada ao seu querido irmão Du. Convido a todos a conhecer estes "momentos mágicos" vividos e relatados aqui por ele, numa linguagem clara e simples e, quem sabe, os tornarão pessoas também "especiais".

Helena Queiroz,
Professora universitária
e presidente do Espaço Especial.

Na verdade Eu fiquei muito feliz e um pouco emocionada

Porque o meu irmão escreveu um livro para o vindu-

Eu fico pensando muitas vezes que ele é muito importante

da minha vida, cuida de mim com muito amor e carinho.

Me leva sempre mas lugares que eu gosto e me chama atenção

Quando Eu preciso. Penso que ele é um melhor irmão do mundo

inteiro pois ele nunca me abandona e nem esquece de mim.

Leo Eu te amo para vida, quero sempre contar com você

Para me fazer cada vez mais feliz. Você é muito

especial da minha vida. O meu coração Bate mais forte

Quando Eu vejo você.

Carta que ele me enviou ao saber do livro, em 13/5/2011.

Folheando o livro da vida, compreendi que todas as flores criadas são formosas, que o esplendor da rosa e a brancura do lírio não eliminam a fragrância da violetinha nem a encantadora simplicidade da margarida... Fiquei entendendo que, se todas as pequenas flores quisessem ser rosas, perderia a natureza sua gala primaveril, já não ficariam os jardins esmaltados de florinhas.

Teresa de Lisieux, religiosa francesa.

Aos seis anos, com o violão que ganhou do seu pai.

Igualmente Diferente (poema)

Renata Zancan, psicanalista

Assim é ser gente, bicho, planta ou semente,
por mais que se fale, pense ou tente,
não invente: normal é ser igualmente diferente.
Os girassóis olham sempre para o sol,
num longo caule verde e muitas pétalas ama-
relas, mas se olharmos cuidadosamente entre
eles... ah! Quanta diferença entre elas,
as girafas magricelas, pescoçudas e altivas
parecem ter pintas sempre no mesmo lugar,
mas para nosso espanto, a diferença está bem
ali na manchinha, nem precisa procurar.
E as zebras, que até parecem ter todas elas com-
prado seus pijamas na mesma liquidação.
Pois fique sabendo você, meu amigo, nem de
longe são iguais. Não se engane não!
Seja lá bicho, planta ou gente,
tudo é sempre diferente.
Essa coisa de ser parecido é mania de parente.
Já o mundo sempre procurar um jeito de apontar
o nosso defeito, mas é porque não sabe nem de
longe que de perto ninguém é perfeito.
Bem, o que importa nessa história é ter
sempre na memória que, se somos amados o
bastante, toda a diferença é insignificante. E
o que vale mesmo na verdade é saber, que em
qualquer idade, importante é viver contente

*sendo assim igualmente diferente.
E sonhar sempre os sonhos que mais para
longe puderem levá-lo.
Porque viver um sonho realizado é só uma
forma de a vida olhar.*

21 de março de 2011 – em comemoração ao
Dia Internacional da Síndrome de Down.

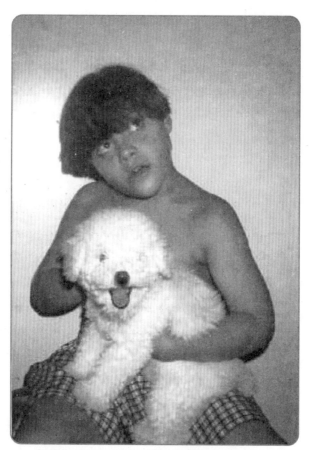

Dudu sempre gostou de animais.
Aqui, com seu cãozinho Tuco.

Taj Mahal adaptada (música)

Foi a mais linda / História de amor /
Que me contaram / E agora eu vou contar
Do amor do pupilo /Leonardo pelo Mestre / Dudu
Do amor do príncipe / Leonardo pelo Mestre /
Dudu Tê Tê Tê, Têtêretê / Tê Tê, Têtêretê / Tê Tê,
Têtêretê /Tê Tê... Tê Tê, Têtêretê / Tê Tê, Têtêretê /
Tê Tê, Têtêretê / Tê Tê... Uhou! Uhou!
Tê Tê, Têtêretê / Tê Tê, Têtêretê / Tê Tê, Têtêretê /
Tê Tê... (2x) Foi a mais linda / História de amor /
Que me contaram / E agora eu vou contar
Do amor do pupilo /Leonardo pelo Mestre / Dudu
Do amor do príncipe / Leonardo pelo Mestre /
Dudu Tê Tê Tê, Têtêretê / Tê Tê, Têtêretê / Tê Tê,
Têtêretê /Tê Tê... Tê Tê, Têtêretê / Tê Tê, Têtêretê /
Tê Tê, Têtêretê / Tê Tê... Uhou! Uhou!
Tê Tê, Têtêretê / Tê Tê, Têtêretê /
Tê Tê, Têtêretê / Tê Tê... (2x)

Raio-X do personagem principal

- **Eu sou:** Eduardo Gontijo Vieira Gomes.

- **Mas me chamam também de:** Zim Branquim, Dudu, Tuquinho, Boneco Doce, Dudu do Cavaco.

- **Nasci sob o signo de:** Virgem, em 19/9/1990.

- **Família:** eles me dão muito amor.

- **Uma conquista:** aprender a tocar cavaquinho.

- **De jeito nenhum na vida:** violência.

- **De jeito nenhum na mesa:** carne, jiló.

- **O que não pode faltar na mesa:** comida japonesa, massas, frutos do mar e estrogonofe.

- **O que quero ser:** músico profissional.

- **Não troco nada por:** um tempinho na frente do computador, nadar, fazer teatro, dançar, fazer aula de cavaquinho e malhar.

- **Para não esquecer:** escola Crepúsculo, porque eles me ajudaram a ser um bom aluno da companhia teatral.

- **Um sonho sempre presente:** conhecer os artistas, ser ator de cinema.

- **Para ouvir, curtir, dançar, apreciar:** Exaltasamba, Luan Santana, Parangolé, Araketu, Cláudia Leite, Belo, Revelação, Fundo de Quintal.

- **No gramado:** não sou muito fã de futebol, mas torço pelo Galo.

- **Para ler:** poesia.

- **Nas telas:** "Crepúsculo", " Lua Nova" e "Eclipse".

- **O Brasil é:** tudo de melhor para mim.

- **Deus:** agora você falou minha palavra. Deus ilumina cada vez mais dentro do meu coração e a minha vida. Deus me colocou vários poderes.

- **Pai:** o velho é tudo de bom para mim.

- **Mãe:** ela me passou tudo da minha vida.

- **Escola Despertar:** demais. Vários amigos. Educação física.

- **Escola Criatividade:** muitos amigos, muita brincadeira.
- **Estudar:** pouco. Agora estou lendo mais livros.
- **Ídolo:** Jacob, do filme Lua Nova.
- **Facebook:** dudugontijo
- **E-mail:** dudugontijo@gmail.com
- **Instagram:** @dududocavacooficial
- **Site:** www.dududocavaco.com.br

Com seu primo e amigo Igor.

O porquê do livro

> "Ser profundamente amado por alguém
> nos dá força; amar alguém profundamente
> nos dá coragem."
> **Lao-Tse, filósofo chinês.**

Os irmãos desempenham um papel importantíssimo em nossas vidas. Eles nos conhecem como ninguém. Estão conosco nos bons e maus momentos. Constituem nossa primeira relação social, e sua influência inicial nos afeta durante toda a vida. Os relacionamentos entre irmãos são geralmente os mais duradouros. Espero poder compartilhar, no mínimo, mais 50 anos com meu irmão Du. Vinte e um anos é muito pouco diante do que ainda temos que viver juntos.

Este livro é fruto de um relacionamento entre irmãos especiais, pois um deles nasceu com Síndrome de Down, abreviado neste livro para Pessoa com Deficiência – PCD. Ter na família alguém assim é uma experiência que nos dá uma melhor compreensão do mundo.

Há algum tempo penso em escrever contando a nossa história. Adiei algumas vezes, porém chega um momento em que os pensamentos parecem querer saltar, as ideias ficam pequenas apenas na lembrança e é preciso tomar forma de texto para que todos conheçam a paixão que nos une.

Obviamente que o intuito deste livro não é ensinar caminhos, orientar pessoas e, muito menos, transmitir conhecimentos. Cada história é única, com suas dificuldades, emoções, encantos e caminhos. A intenção é tão somente partilhar experiências, colocar para fora, tudo o que sinto e, antes de tudo, mostrar meu amor pelo Eduardo. E, enfim, divulgar a alegria e a riqueza que é conviver com um irmão

Down. Sinto-me premiado por essa oportunidade. Por isso, não quero falar apenas da síndrome. Quero falar de paixão e cumplicidade.

O objetivo deste livro é destacar o amor que sinto pelo meu irmão caçula e contar momentos e passagens que tive e tenho com ele nestes 21 anos de convivência. Este livro busca narrar uma história de amor. Ou melhor, duas histórias que se misturam numa experiência única: o percurso de dois irmãos em busca da superação.

Dudu do Cavaco e seu irmão Léo.

Tudo começou quando...

"A medida do amor é amar sem medida."
Santo Agostinho

A data é 19/9/1990. Para quem acredita em numerologia, trata-se de uma combinação marcante, em que prevalece o número nove. Independentemente das questões astrológicas e esotéricas, para mim é um dia mais que especial. É excepcional.

As notícias dos jornais daquela quarta-feira destacavam que o FMI exigia que o Brasil negociasse com credores; que o Banco Central decidiu liquidar oito instituições; que, no Iraque, Sadam ameaçava destruir poços de petróleo e que o governo brasileiro estudava liberar importações de alguns produtos. Parecia um dia comum com destaques, em última instância, para a incapacidade humana de controlar sua ganância e ver que o bem mais precioso que temos não é material, mas, sim, a vida.

Acordo e sou surpreendido por um bilhete na mesa do café do apartamento em que morava com meus pais, Marcelo e Marina, e meus irmãos Marcelo e Paula. Dizia o recado: "Filhos, fomos para o hospital, se cuidem". Meio atordoado, e com 11 anos de idade, fiquei no aguardo de mais notícias.

Não demorou muito e a vizinha, amiga da família, ligou falando que nos levaria para a escola, pois minha mãe tinha ido para o hospital de madrugada dar à luz ao meu irmãozinho. Com uma voz meio ressabiada, disse que estava tudo bem, mas que o meu irmãozinho teve algumas complicações e precisaria ficar alguns dias no hospital para se recuperar. Sem saber do que se tratava, tomei meu café e fiquei esperando meus irmãos acordarem para entender o que se passava.

Os principais personagens desta linda história

Nossa mãe se chama Marina Valadares Gontijo, também conhecida como "Tortinha", vale lembrar que ele não a chama de mãe, somente em momentos de apuros, segundo disse na entrevista, pois é uma palavra muito forte, tem 60 anos e na época tinha 39, mãe de quatro filhos. Defensora pública aposentada, é quem dá todo o suporte para o desenvolvimento do Eduardo.

Nosso pai se chama Marcelo Fábio, também conhecido como Velho, vale lembrar que ele também não o chama de pai, somente em momentos de apuros, segundo disse na entrevista, pois é uma palavra muito forte, tem 68 anos e, na época, tinha 47 e era pai de quatro filhos. Auditor fiscal aposentado, é um grande protetor e ídolo do Eduardo.

Marcelo, irmão mais velho do Eduardo, também conhecido como "Seu Tei", tem 37 anos e vive atualmente em Recife com suas filhas e esposa, e também tem muito carinho pelo Eduardo.

Paula, irmã, também conhecida como Toli, tem 34 anos e vive atualmente em Brasília com seus filhos e marido, e é considerada a segunda mãe do Du. É apaixonada por ele e ajudou bastante em sua criação. Mantém contato com Du diariamente e é sua melhor amiga.

Da esquerda para direita: Marcelo, Leonardo, Paula, Rafael, Marina, Eduardo e Marcelo.

A hora da notícia

Notícias mais completas e esclarecedoras demoraram a chegar do hospital naquele 19 de setembro de 1990. O nascimento do Eduardo foi por volta das quatro horas da manhã, no Hospital Santo Ivo, no bairro Cruzeiro, em Belo Horizonte. Às onze, os médicos anunciaram, sem muito preparo, que o bebê nasceu com Down e que teria inúmeras dificuldades no decorrer da vida. Essa inabilidade diante do tema não é novidade e nem fica restrita aos neonatologistas (médicos que se ocupam das crianças desde o nascimento até os 28 dias de idade, quando deixam de ser nomeadas recém-nascidos e passam a ser lactentes). Acontece ainda hoje de a família ter que consolar o próprio obstetra, que de alguma forma se sente culpado por não ter pedido um exame capaz de dar o diagnóstico da síndrome ainda na gravidez.

Outro ponto de destaque: a maioria dos médicos prefere que o casal receba a notícia junto, para que haja a possibilidade de um apoio emocional mútuo. Além disso, alguns médicos acreditam que é muito importante que a criança esteja perto dos pais, o que facilitaria sua aceitação. Nas minhas entrevistas, não consegui apurar quem primeiro detectou a síndrome. Apurei apenas o despreparo e a dificuldade dos profissionais para lidar com o caso.

O ideal, segundo a cartilha da Sociedade de Pediatria do Distrito Federal, é seguir um roteiro específico para comunicar o nascimento de uma PCD.

A seguir, algumas sugestões que têm se mostrado mais adequadas:

- A notícia deve ser dada ao casal, sempre depois que ambos tenham visto o bebê. Deve acontecer o mais cedo possível, ainda na maternidade.
- Isso deve ser feito num ambiente tranquilo, quando se deve tentar criar um clima de intimidade.
- Não é recomendável a presença de estranhos.

- A linguagem usada deve ser adequada ao casal, considerando-se seu nível de escolaridade, idade, condições sociais. É importante certificar-se de que ambos estão entendendo o que está sendo dito.

- O bebê deve ser examinado na frente dos pais com atenção e carinho, quando as características da Síndrome de Down devem ser apontadas e justificada a necessidade do exame cromossômico.

- É preciso deixar claro que a confirmação da Síndrome de Down só ocorre com o resultado do cariótipo, mas que as chances de um engano a partir das características físicas são bem pequenas.

- O termo Síndrome de Down deve ser utilizado normalmente, ao mesmo tempo em que a palavra mongolismo deve ser evitada, assim como outras como retardado ou debiloide, pela carga pejorativa que carregam.

- Ao falar sobre a síndrome, é preciso esclarecer que o bebê precisa dos mesmos cuidados que as outras crianças e que, embora seu desenvolvimento seja mais lento, não se sabe qual será o limite desse progresso. Nunca se deve dizer que ele não vai andar ou falar, pois sabe-se que não é verdade.

- É imprescindível informar sobre a necessidade de acompanhamentos especializados, como fisioterapia, fonoaudiologia, terapia ocupacional etc. e indicar os locais onde existem esses atendimentos na comunidade em que a família reside.

- A delicadeza e a sinceridade nas respostas às perguntas dos pais são fundamentais, assim como a compreensão caso eles reajam negativamente à notícia.

- Após a notícia, o casal deve ter um tempo sozinho para sentir suas emoções. Em caso de dúvida, convém pedir auxílio a um geneticista. Os médicos devem se mostrar disponíveis para outros encontros e esclarecimentos.

- Todas as perguntas dos pais devem ser respondidas quantas vezes forem necessárias, mesmo que as informações forem repetidas.

- A confirmação do diagnóstico deve ser informada aos pais assim que ocorrer.

- Ao explicar as características da Síndrome de Down, é indicado ressaltar seus pontos positivos, como amorosidade e docilidade.

- A informação de que ainda não foi desenvolvido um tratamento com medicamentos que possam curar a Síndrome de Down deve ser acompanhada do esclarecimento de que a estimulação por profissionais específicos e o convívio social são fundamentais para o desenvolvimento da criança.

- O casal deve ser incentivado a transmitir o diagnóstico aos familiares e amigos, explicando o que é a Síndrome de Down e que essa criança precisa do convívio social e do carinho de todos como qualquer outra.

Parecem poucos, porém...

Segundo resultados do Censo 2000 do IBGE (Instituto Brasileiro de Geografia e Estatística), cerca de 14,5% da população brasileira têm alguma deficiência física ou mental. São, portanto, por volta de 24,5 milhões de pessoas. Dentro desse grupo, estima-se que haja entre 110 e 300 mil pessoas que nasceram com a Síndrome de Down. Para a Organização Mundial de Saúde (OMS), 10% dos seres humanos deste planeta têm algum tipo de problema mental, sendo que, nos países desenvolvidos, 1% a 3% da população apresentam deficiência mental.

Em todos os tempos, nasceram crianças com deficiência, mas suas possibilidades de inserção e circulação social são recentes. No decorrer da história, foram consideradas desde seres sem alma até anjos enviados do céu. Não podemos negar mais que a Síndrome de Down é uma realidade. As estatísticas são claras: um em cada 600 nascimentos. Segundo a jornalista e escritora Cristina Werneck, só em nosso país nascem, por ano, cerca de 8 mil bebês PCD. Segundo a revista Veja, edição de 29/3/2000, a cada ano nascem 150.000 crianças com algum tipo de anomalia no Brasil.

O país possui hoje 110.000 pessoas com a síndrome, segundo o geneticista Juan Llerena, chefe do Departamento de Genética Médica do Instituto Fernandes Figueira, da Fundação Oswaldo Cruz, que considera o número como "uma subestimativa". Um em cada quatro tem entre 10 e 19 anos. Trata-se, portanto, de um problema humano e social.

Talvez seja a deficiência mental associada a alterações cromossômicas mais frequente do planeta, pois atinge todas as raças e continentes, não importando sua localização geográfica, condições financeiras, sociais ou familiares.

Vida Integrada - o dia a dia das 110000 pessoas com down no Brasil
80% das crianças e dos adolescentes estudam, sendo que **1 em cada 2** está matriculado em escolas comuns.
95% estudam música.
58% praticam esporte.
18% sabem utilizar o computador.
8 em cada 10 têm autonomia para realizar sozinhos atividades corriqueiras, como tomar banho ou arrumar a cama.
10% trabalham, sobretudo em instituições beneficentes e estabelecimentos comerciais.

Fonte: http://veja.abril.com.br/290300/p_172.html.

Os números variam drasticamente de país para país. Na Grã-Bretanha, por exemplo, que tem uma população de 60 milhões de habitantes, o número de pessoas com Down é estimado em 60 mil pessoas, uma média de duas crianças nascendo, diariamente, com a síndrome, como enfatiza Carol Boys, presidente da Down Syndrome Association (DSA).

Um capricho dos cromossomos

A Síndrome de Down (SD) é uma condição genética determinada pela presença de um cromossomo a mais nas células da pessoa e é caracterizada por variável grau de retardo no desenvolvimento motor, mental, físico e psíquico. A história do tratamento e do prognóstico dos pacientes com SD pode, sucintamente, ser dividida em três grandes períodos.

- Período que antecede a identificação da alteração cromossômica, quando os pacientes eram rejeitados, institucionalizados e mesmo os cuidados básicos de saúde lhes eram, muitas vezes, negados. O auge desse período coincide com a eutanásia, praticada pelos nazistas.

- Com a descoberta da anomalia cromossômica inicia-se uma fase de interesse e pesquisa nas áreas médica e educacional.

- O terceiro período começa com o reconhecimento, nos países desenvolvidos, dos direitos de toda criança, independentemente de sua capacidade mental, quando começam a ser instituídos programas educacionais adequados.

Hoje, a institucionalização caminha para a extinção dos programas ditos especiais e as pessoas com Síndrome de Down demonstram muito melhor desempenho quando integradas à família e à sociedade.

Fonte: http://www.medicina.ufmg.br/down/tabelas.htm.

A SD faz parte do grupo de encefalopatias não progressivas. Isso quer dizer que, à medida que o tempo passa, não há acentuação da lentidão do desenvolvimento nem o agente da síndrome se torna mais grave. Pessoas com Down têm o cérebro reduzido de volume e de peso, e é provável que a anomalia do cerebelo seja responsável pela flacidez dos músculos, que dificulta a capacidade de produzir a força muscular necessária para movimentar os segmentos do corpo, sobretudo em oposição à gravidade. Existe também uma redução nas conexões entre os neurônios.

Como naquela época minha mãe não fez, no terceiro mês de gravidez, os exames Translucência Nucal e Aminiocentese, a surpresa foi geral. Em 1990, a ultrassonografia era incipiente e não havia ainda chances de estudo morfológico fetal, como é feito hoje em dia.

Segundo contam os meus pais e tios Márcio e Zezé (ambos médicos), a notícia assustou muito a todos. O desconhecimento era total, pois, até então, não havia nenhum caso na família. A única pessoa que tinha um pouco conhecimento, por ter convivido com uma PCD, era a nossa tia Eliane, mulher do tio Márcio, que contribuiu bastante para o desenvolvimento e aceitação do Dudu.

Digo sempre que a verdade e a cumplicidade aproximam as pessoas. Foi o que seus irmãos e a tia Eliane (foi a única pessoa da família que percebeu que o pequeno Du possuía alguma deficiência) ousaram dizer para os meus pais, e ao mesmo tempo ajudá-los a entender a notícia.

A Translucência Nucal é medida durante a ultrassonografia realizada entre a 11ª e 13ª semanas de gestação. Geralmente é abdominal, mas se a medida não for possível, pode ser necessária a realização da uma ultrassonografia transvaginal. Se houver um acúmulo excessivo de líquido na região da nuca do feto, aumenta o risco de o bebê ter uma alteração cromossômica, más-formações ou alguma síndrome genética.

Vale ressaltar que a Translucência Nucal não serve como diagnóstico definitivo, apesar de revelar um grande risco de que aquele feto, que está com acúmulo de líquido na região da nuca, pode ter alguma alteração. E o diagnóstico precoce dessas alterações possibilitam o início, também precoce, de tratamentos adequados.

Para se ter certeza do diagnóstico de Síndrome de Down é preciso realizar outros exames, como o estudo de cariótipo fetal (Aminiocentese).

A Amniocentese é um exame invasivo. Uma amostra do líquido amniótico é retirada de dentro do útero e examinada em laboratório, para determinar se o bebê possui algum problema de saúde. Trata-se de um exame diagnóstico, o que significa que é capaz de dizer praticamente com certeza se o bebê tem ou não determinado problema. É um dos grandes avanços no acompanhamento da gravidez. Além de diagnosticar síndromes cromossômicas como a de Down, também revela o sexo e a maturidade dos pulmões do bebê.

Fonte: http://guiadobebe.uol.com.br/gestantes/translucencia_nucal.htm.

Susto, cumplicidade e lições de vida

"É preciso sofrer depois de ter sofrido, e
amar e mais amar, depois de ter amado."
Guimarães Rosa

Segundo a literatura médica, o nascimento de um filho com deficiência afeta mais a mãe do que o pai, já que é ela quem se envolve diretamente com os cuidados diários do filho. Há notícias de que muitos casais acabam se separando após a chegada de uma criança com Síndrome de Down. Em nossa família, foi tudo muito diferente.

Meu pai, meio ressabiado no início, procurou explicações e o porquê daquele ocorrido. Alguns questionamentos logo surgiram: por que meu filho não é normal como milhares de crianças que nascem diariamente? Por que tínhamos que passar por tanta dor e infelicidade? Por que eu? Ele chorou bastante e demorou alguns meses para aceitar a realidade. Sentiu muita tristeza e desapontamento. Mas revolta, não. Dúvidas, tristezas e insegurança o acompanharam naquele começo de uma vida nova.

Penso que esse tipo de notícia, independentemente da forma como é dada, provoca muita dor. No caso do meu pai, essa dor foi amenizada por ele já ter outros três filhos ditos normais. O sonho de um filho perfeito, com saúde, vai por água abaixo. Depois vem o sentimento de culpa, tanto do pai quanto da mãe, por não terem conseguido gerar um filho saudável. É como se eles não se sentissem fortes o suficiente diante da não concretização da idealização de um macho ou uma princesa. A maior preocupação dos dois é a morte – não a do bebê, mas deles próprios. "Se eu morrer, quem vai cuidar do meu filho"? E, nesse momento, começa o desejo de que aquela criança morra antes deles.

Segundo conta meu pai, após o período de negação, ele enxergou o Dudu como uma pessoa especial, que lhe ensina todos os dias o sentido da vida. Ele percebeu logo que nada se pode fazer contra o destino, a não ser aceitá-lo e vivê-lo da melhor forma. Foi o que fez com amor e luta, participando ativamente da vida do filho, tornando-se uma figura responsável pela estimulação, apoio e incentivo ao desenvolvimento do Eduardo. Além disso, manteve os demais filhos cientes de tudo, mostrando que todos somos diferentes. Mal sabia ele que, assim, estava transformando o medo em amor.

O primeiro passo para aceitar o problema é encará-lo. Meu pai fez isso e, com certeza, hoje colhe os frutos da maturidade emocional do Dudu e dele próprio como homem. Em seu depoimento, e no decorrer do livro, vocês conhecerão algumas histórias entre os dois que comprovam que, além de poder levar uma vida ativa, a PCD pode tornar felizes as pessoas à sua volta.

Indagações

Geralmente, quando os pais recebem um filho com Síndrome de Down, várias indagações e sentimentos sobressaltam o casal. Não vou enumerá-los, pois o assunto já foi alvo de estudos e depoimentos, inclusive no campo científico.

Como pai de um filho superespecial, como é o caso do Dudu, quero apenas enfatizar que o seu nascimento representou uma transformação enorme na minha vida no sentido da melhora do ser humano. O meu filho Eduardo tem muito mais a ensinar do que aprender. Aliás, costumo dizer aos familiares que se a humanidade fosse constituída somente por pessoas com Síndrome de Down, ela seria muito melhor. Qual o conselho que eu poderia dar para os pais que recebem um filho especial? A receita não é complexa: muito amor, dedicação, estímulo precoce e cumplicidade da família. No meu caso, contei com o apoio sempre irrestrito da minha mulher, meus filhos, meus irmãos, tios e primos, que merecem todo agradecimento e gratidão. O Dudu sempre nos ensinou valores que contribuem para uma sociedade mais digna e justa, sendo que as escolas "normais" que não o receberam na época própria, sempre usando os argumentos de "ausência de estrutura" e de "professores especializados", perderam uma grande oportunidade de aprender a mais pura essência de um ser humano. O Dudu nos ensinou o que é a verdadeira paciência, os reais valores da vida e a imensidão do amor. Peço a Deus que me conceda a graça de conviver com ele por muito mais tempo.

Depoimento de Marcelo, "Velho".

A receita: afeto e cumplicidade.

Minha mãe, Marina, mais religiosa e com seu instinto maternal, aceitou bem a notícia desde o início e, com seu enorme amor e sabedoria, ajudou muito a manter a família unida, envolvendo todos no desenvolvimento do Dudu. Segundo ela, desde o nascimento dele, ela já o via como um ser humano que tinha algo a dizer e fazer no mundo. Como a criança era fruto de uma gravidez não planejada, Marina buscou respostas espirituais. Para ela, havia – e há – um motivo para ele estar aqui. Em menos de cinco dias, já havia encontrado as respostas para suas inquietações, mostrando que nem sempre temos o controle do barco. Dizia que as curvas e mudanças que ocorrem inesperadamente na vida podem ser para melhor. Certamente, as emoções que ela viveu foram muito diferentes do que já experimentara no nascimento dos seus outros três filhos.

Com Marina e Marcelo, numa festa junina.

Com Marina, fazendo pose com o Grupo Zumberê.

O que escrever sobre o meu filho? Essa é uma tarefa muito difícil. Como começar? Faltam-me palavras, sobram emoções. Tantos sonhos guardados, esquecidos, empacotados nas caixas de retratos, nas lembranças de um tempo de desconhecimento, de incertezas.

Eduardo é o meu amor, o meu melhor amigo, a minha razão de existir. Com ele, todos os dias se tornam especiais porque ele é único, indescritível, me ensina, me acalma, me completa, me absorve, me torna sempre, a cada dia, mais feliz. A sua alegria é contagiante, seu raciocínio é lógico, transparente. Mudou meu viver, mudou meu jeito de olhar o mundo, de enxergar as pessoas, de estender a mão. Faz parte da minha trajetória.

O papel dos pais é ensinar os filhos, encaminhá-los, porém deixar que eles mesmos decidam. Mas como, e com ele, só aprendo? Preenche meu próprio vazio, me traz de volta ao caminho do amor. Ensinou-nos, a todos, a sermos melhores, a crescermos juntos, a sermos verdadeiramente uma família. Du, você nunca foi um problema, mas sim uma solução. Eu escolhi acreditar em você e promessas duram para sempre...

Todos nós temos dois lados: o lado do trabalho, da luta, do sucesso, da competição, da imagem, e outro, o lado da alegria, da poesia, da arte e do coração. Como mãe, nunca pensava em sonhar com um filho poeta, que podia fazer a diferença. Ao meu filho Leonardo, dedico esta frase final. Este relato é de uma mãe apaixonada e imensamente feliz. Hoje eu sei que você é muito mais do que uma pessoa importante na minha vida. É parte dela, pois pessoas especiais fazem grande falta neste mundo.

Te amo.

Depoimento de Marina, "Tortinha".

Qualquer que tenha sido a forma da notícia aos pais – com humanidade, cautela ou frieza –, o impacto avassalador do choque e a dor podem destruir sentimentos e até embaçar e mascarar a alegria que, normalmente, acompanha o nascimento de um filho. O susto dá lugar a perguntas, medos e até à espera de um milagre. A angústia interna e a desilusão se juntam à apreensão dos pais de uma criança com Down. Como agir diante desse ser diferente?

Embora soem hoje como aberrações para as pessoas esclarecidas, os fantasmas e conceitos rondam a família assim que a criança com

Down chega. Frases que não são nada animadoras, como "eles são deficientes", "conheço um na minha rua que grita a noite toda", "são muito agressivos", "vivem com baba na boca e estão sempre de boca aberta, como cretinos", "nunca vão conseguir falar direito", "nunca conseguem ter uma vida feliz", "nada pode ser feito", "dão muito trabalho quando aflora a sexualidade".

A desilusão também pode ser engrossada por comentários como "todo um futuro arruinado", "só me resta a vergonha", "o que as pessoas vão dizer", "já sou velha", "não pode haver nada pior que isso", "só me resta morrer".

E há também a culpa, encorajada por pensamentos como "tenho pena do meu marido por ter-lhe dado um filho assim", "é um castigo de Deus por erros que cometi na vida", "se eu tivesse desejado essa gravidez".

E como não há culpa sem penitência, algumas crenças ganham espaço ajudando a sustentar a resignação: "É a cruz que tenho de carregar"; "já que Deus me deu, devo aceitá-lo obrigatoriamente".

Principais fases da adaptação dos pais

1. **Choque:** é a reação inicial, como se o mundo tivesse desmoronado. Surge um pensamento: a vida nunca mais voltará a ser normal.

2. **Negação:** "Isso não está acontecendo comigo, estou sonhando, vou acordar e a criança vai nascer sadia... O médico se enganou, meu filho não tem esse problema. Vou procurar outros médicos." A realização do cariótipo ajuda a aceitar a realidade e superar essa fase.

3. Culpa: "Por que isso aconteceu comigo? O que fiz de errado?" A explicação de que se trata de um acidente genético (em cerca de 97% das vezes), onde não há culpados, e que no processo de reprodução humana a falha é muito comum, ajuda a enfrentar essa fase.

4. Raiva: inicialmente é dirigida a quem deu a má notícia. Por isso, não se deve transmitir o diagnóstico ao pai ou à mãe isoladamente, para evitar que ele ou ela o transmita ao parceiro. É menos desagregador que a raiva se dirija ao médico. Esse fator contribui para que geralmente os pais afirmem que o médico não soube comunicar o diagnóstico, mas isso não justifica deixar de fazê-lo. Em muitos momentos, a raiva volta e muitas vezes é dirigida à criança. Deve-se explicar que isso é natural e a melhor forma de lidar com esse sentimento é ter a consciência de que ele existe.

5. Adaptação: começa a aceitação da criança e os pais se envolvem positivamente em seu tratamento.

6. A vida volta ao normal: afirmar este fato desde o início ajuda a conviver com os momentos mais difíceis.

Fonte: http://www.medicina.ufmg.br/down/tabelas.htm.

O milagre da transformação

Ao ler outros livros sobre o assunto para buscar inspiração para a confecção deste, assisti a um filme muito interessante, chamado *Amor acima de tudo*, em que a autora faz uma comparação muito interessante e pertinente para, acredito eu, o momento que nossa família viveu. Vide relato a seguir.

Bem-vindo à Holanda

por Emily Perl Knisley, 1987

Frequentemente, sou solicitada a descrever a experiência de dar à luz a uma criança com deficiência – uma tentativa de ajudar pessoas que não têm com quem compartilhar essa experiência única a entendê-la e imaginar como é vivenciá-la.

Seria como...

Ter um bebê é como planejar uma fabulosa viagem de férias – para a ITÁLIA! Você compra montes de guias e faz planos maravilhosos! O Coliseu. O Davi de Michelangelo. As gôndolas em Veneza. Você pode até aprender algumas frases em italiano. É tudo muito excitante. Após meses de antecipação, finalmente chega o grande dia! Você arruma suas malas e embarca. Algumas horas depois, você aterrissa. O comissário de bordo chega e diz:

— BEM-VINDO À HOLANDA!

— Holanda!?! – diz você — O que quer dizer com Holanda!?!? Eu escolhi a Itália! Eu devia ter chegado à Itália. Toda a minha vida eu sonhei em conhecer a Itália! Mas houve uma mudança de plano de voo. Eles aterrissaram na Holanda e é lá que você deve ficar. A coisa mais importante é que eles não a levaram a um lugar horrível, desagradável, cheio de pestilência, fome e doença. É apenas um lugar diferente.

Logo, você deve sair e comprar novos guias. Deve aprender uma nova língua. E você irá encontrar todo um novo grupo de pessoas que nunca encontrou antes.

> É apenas um lugar diferente. É mais baixo e menos ensolarado que a Itália. Mas após alguns minutos, você pode respirar fundo e olhar ao redor, começar a notar que a Holanda tem moinhos de vento, tulipas e até Rembrants e Van Goghs.
>
> Mas todos que você conhece estão ocupados indo e vindo da Itália, estão sempre comentando sobre o tempo maravilhoso que passaram por lá. E por toda sua vida você dirá: sim, era onde eu deveria estar. Era tudo o que eu havia planejado.
>
> E a dor que isso causa nunca, nunca irá embora. Porque a perda desse sonho é uma perda extremamente significativa. Porém, se você passar a sua vida toda remoendo o fato de não ter chegado à Itália, nunca estará livre para apreciar as coisas belas e muito especiais sobre a Holanda.

O casal idealiza toda uma construção de identidade para o filho que está para nascer. Imagina sua aparência física, com quem ele irá se parecer. A notícia de que o filho nasceu com deficiência é como um sonho desfeito e as perdas transbordam, entram em um labirinto e acham que nunca saberão sair dele.

O diagnóstico não deve alterar o sentimento de amor e aceitação de um filho com Síndrome de Down. A família tem de procurar fortalecer esse sentimento desde sempre. O ambiente doméstico tem de ter uma riqueza de eventos incomensurável e isso não faltava lá em casa. O amor e acolhimento são os principais ingredientes para que a dedicação ao filho seja bem-sucedida. Somente com o amor faremos o milagre da transformação.

A facilidade do diagnóstico é inversamente proporcional ao prognóstico, uma vez que poucos profissionais ousam fazer. Como lidar com a anormalidade num mundo que cultua a perfeição e rejeita as diferenças?

Principais características e tipos de SD

Como esperado, após seu nascimento, o Du foi avaliado e chegaram à conclusão de que ele nasceu com Down, tendo em vista suas características, nuca, pés, mãos e olhos.

- Os olhos apresentam-se com pálpebras estreitas e levemente oblíquas, com prega de pele no canto interno (prega epicântica).
- A íris frequentemente apresenta pequenas manchas brancas (Manchas de Brushfield).
- A cabeça geralmente é menor e a parte posterior levemente achatada. A moleira pode ser maior e demorar mais para se fechar.
- A boca é pequena e, muitas vezes, se mantém aberta com a língua projetando-se para fora.
- As mãos são curtas e largas e, às vezes, nas palmas, há uma única linha transversal de lado a lado em vez de duas.
- A musculatura, de maneira geral, é mais flácida (hipotonia muscular).
- Pode haver pele em excesso no pescoço, que tende a desaparecer com a idade.
- As orelhas são geralmente pequenas e de implantação baixa. O conduto auditivo é estreito.
- Os dedos dos pés comumente são curtos e, na maioria das crianças, há um espaço grande entre o dedão e o segundo dedo. Muitas têm pés chatos.

Fonte: http://www.medicina.ufmg.br/down/tabelas.htm.

Como já foi dito, a SD é uma condição genética caracterizada pela presença de um cromossomo a mais nas células de quem é portador e acarreta variável grau de retardo no desenvolvimento motor, físico e mental. Esse cromossomo extra se acrescenta ao par de número 21, daí o termo também utilizado para sua denominação, entre todos, o mais correto, de Trissomia 21. Há três tipos principais de anomalias cromossômicas a mais no 21º par.

Pequenas diferenças

As pessoas com SD podem ter um dos três tipos principais de anomalia cromossômica, todos caracterizados por um cromossomo a mais no 21º par:

Trissomia 21 livre	**94% dos casos**
Trissomia 21 em translocação	**3-5% dos casos**
Trissomia 21 em mosaicismo	**2-3% dos casos**

1. Trissomia livre do cromossomo 21

Cariótipos: 47, XY, +21; ou 47, XX, +21.

Nesses casos, os pacientes apresentam em todas as suas células 47 cromossomos e não 46, e o cromossomo extra é do par 21. Ocorre por acidente genético, e em mais de 80% dos casos se deve a uma não disjunção cromossômica na meiose materna. O fator de risco conhecido que mais se associa a esse acidente é a idade materna elevada, superior a 35 anos. No entanto, como o número de mulheres jovens que têm filhos é muito maior, a maioria dos pacientes Down com Trissomia livre são filhos de mães jovens. Como se deve a um acidente genético, não é familiar e o risco de recorrência em futuras gravidezes do casal é de 1 a 2% (um a dois por cento). Este cariótipo é encontrado em aproximadamente 92% dos casos de Síndrome de Down.

2. Translocação

Cariótipos: 46, XY, t(..., 21); ou 46, XX, t(..., 21).

Nesses casos, o paciente apresenta o número normal de cromossomos (46) em todas as suas células. No entanto, ele tem um pedaço a mais do cromossomo 21 aderido a um outro cromossomo. Assim, trata-se de uma Trissomia parcial e não de uma Trissomia completa. O cromossomo extra se fixa a um outro cromossomo. Os cromossomos que mais frequentemente se encontram aderidos ao cromossomo 21 nos casos de translocação são os acrocêntricos: 13, 14, 15, o próprio 21 e o 22. Na maioria das vezes, isso representa um evento novo (por acidente). No entanto, o pai e a mãe podem ser portadores de uma translocação balanceada envolvendo o cromossomo 21 e o risco de recorrência pode ser muito maior que o da Trissomia livre. Por isso, é indispensável que sejam solicitados também os estudos cromossômicos dos pais e, caso um deles seja portador da mesma, outros familiares devem ser estudados para identificar quem mais tem risco aumentado de ter filhos afetados.

O risco de recorrência depende do cromossomo envolvido e do genitor portador da translocação. Assim, nesses casos é melhor que o aconselhamento genético seja feito por um geneticista ou por um médico experiente.

Esse cariótipo é encontrado em aproximadamente 5% dos casos de Síndrome de Down.

3. Mosaicismo

Cariótipos: 46 XY/ 47, XY, +21; ou 46 XX / 47, XX, +21.

Nesses casos, algumas células exibem cariótipos normais e outras Trissomia livre do cromossomo 21. Esses casos ocorrem por acidente genético e também não são familiares. Geralmente eles se devem a uma falha na divisão celular de alguma linhagem de células após a formação do zigoto. Esse cariótipo é encontrado em aproximadamente 3% dos casos de Síndrome de Down.

Fontes: http://www.serdown.org.br
http://www.medicina.ufmg.br/down/tabelas.htm.

É Down, mas pode ser "para cima"

Foi em 1866 que o cientista inglês John Langdon Down percebeu um grupo distinto de deficientes mentais com características similares e típicas de uma condição. Registrou o fato de que estava diante de um grupo com uma síndrome, um conjunto de sintomas que caracterizam um determinado quadro clínico. O termo mongoloide fora, durante anos, o único usado para nomear esses deficientes tão parecidos entre si e com traços que lembravam a população de raça mongólica, principalmente pela inclinação das pálpebras, semelhante à dos asiáticos. Hoje em dia, usa-se Síndrome de Down, nomenclatura por si só mais elucidativa.

Quis o destino que o cientista tivesse em seu sobrenome o termo Down, que em inglês significa "para baixo", o que somente aumenta o preconceito. Porém, para mim, o termo é infeliz e não representa a realidade, pois a baixa estatura é compensada pela alta amorosidade e capacidade afetiva.

Confirmação e superação

Como recomendado pela literatura médica imediatamente após a comunicação da notícia do nascimento do Dudu, de forma totalmente despreparada pelo obstetra, foi recomendada a realização do estudo cromossômico com bandeamento GTG (Giemsa-Tripsina-Giemsa) que permite uma verificação bem detalhada de cada par de cromossomas, analisando alguns dos setores em que se dividem. O estudo foi feito pelo médico José Eustáquio Mateus e ficou pronto em 30 de outubro de 1990. Vale lembrar que, após o comunicado inicial, ficou uma esperança de que o médico estivesse errado. Somente com o cariograma nas mãos, meu pai teve a certeza de que seu quarto filho nasceu com Down.

A solicitação do estudo cromossômico é uma etapa essencial no diagnóstico da Síndrome de Down. Embora seja possível o diagnóstico clínico, o resultado desse estudo é fundamental para o aconselhamento genético e ajuda os pais a aceitar o diagnóstico e a superar a fase de negação, que geralmente ocorre após a notícia.

No caso do Eduardo, o cariograma mostrou que ele era PCD Trissomia livre do cromossoma nº 21, do tipo mais comum. Penso que o exame isentou de culpa meus pais, pois tudo não passou de um acidente genético a que todos estamos sujeitos. Com o bebê ainda no CTI, não tínhamos noção do que uma simples mudança no cromossomo 21 poderia causar em termos de ensinamento à nossa família. Ressalto que a Trissomia é um defeito orgânico, genético, e não quer dizer deficiência. A deficiência nada mais é do que um estigma e, por isso, deve ser rejeitada. Rejeita-se o estigma e não a pessoa.

Aos seis anos.

Chegando em casa

"E a emoção do nosso amor / não dá pra ser contida. A força desse amor / não dá pra ser medida. Amar como eu te amo/ só uma vez na vida".
Roberto Carlos, ícone musical brasileiro.

Após ficar longos 13 dias no CTI devido a uma pneumonia e à hipotonia, que é a diminuição da tensão muscular, Eduardo tinha dificuldade para se alimentar, agravada por uma alergia ao leite materno. Foi aí que nosso guerreiro, já apelidado de Dudu, superou a primeira das inúmeras batalhas que venceu e ainda vencerá vida afora. Ele recebeu alta no dia 1º de outubro de 1990, com 2,7 quilos, após passar por diversos exames. Felizmente, diferentemente de muitos bebês com Down, Dudu não teve nenhuma cardiopatia. As más formações cardiovasculares são as anomalias congênitas na Síndrome de Down, afetando de 40 a 50% das pessoas com Down.

A chegada de Dudu em casa foi um alívio para toda a família e até hoje comemoramos, no dia 1º de outubro, a data de seu segundo nascimento. Foi a primeira vez que pude carregá-lo. Estava ainda fraco, era franzino, mas um sorriso no rosto já sinalizava a imensa vontade de viver que o caracterizaria na vida. Não me lembro bem desses 13 dias em que meu irmãozinho permaneceu no hospital. Mas, em conversa com os demais participantes desta aventura que tem sido a nossa vida, concluí que foi um momento de sentimentos conflitantes, de aprendizado e apoio mútuo para todos.

Lição

Um sinistro telefonema com final feliz!

Acordei, não sei bem a que horas da madrugada, com um chamado telefônico.

É interessante que, muitas vezes, temos a percepção do "trim" emergencial e do "trim" tranquilo. Naquela noite, o trim era de angústia. Atendi. Era do Hospital Santo Ivo. O colega, com voz embargada, apresentou-se e disse:

— *Márcio, nasceu o seu sobrinho Eduardo. Não tenho boas notícias. Parece ser sindrômico, está com insuficiência respiratória e necessita de C.T.I., que não temos aqui. Você poderia nos ajudar? – perguntou, já sabendo que eu trabalhava em C.T.I.*

— *É Síndrome de Down? – foi minha primeira pergunta.*

— *Parece que sim – respondeu ele.*

— *Estou indo imediatamente para o hospital.*

Lá chegando, encontrei-me com o Marcelo e, logo em seguida, com o plantonista (não me recordo do nome). Fomos ver o Dudu: baixo peso, cianótico, dificuldade para respirar, todo flácido. Os sinais clínicos indicavam mesmo tratar-se de Síndrome de Down. Necessitava urgente de cuidados intensivos.

Reencontrei-me com Marcelo, que demonstrava muita apreensão. Já sabia que havia um problema sério. Informei-o da suspeita diagnóstica de um problema neurológico e respiratório grave e que o levaríamos para o C.T.I. do Hospital Felício Rocho. Às vezes é difícil dar um diagnóstico de certeza para a família, em momentos cuja urgência ultrapassa outros interesses, e antes de ouvir um especialista.

Naquela época, não tínhamos ambulância especial para transporte de crianças. Conseguimos, no Hospital Felício Rocho, improvisar a ambulância de adulto com uma estufa e máscara para respiração. Levamos o Dudu, ventilando-o com máscara facial, para o C.T.I., onde recebeu os cuidados necessários. A apreensão era grande quanto à evolução, mas tudo correu bem. Afastamos prontamente uma cardiopatia mais grave, fato comum nessas crianças sindrômicas.

Eduardo recuperou-se lenta e progressivamente. Recebeu alta hospitalar alguns dias depois. A estimulação motora era essencial e, para isso, foi fundamental a persistência do Marcelo e da Marina. Ainda bebezinho, a Eliane introduziu exercícios na piscina. Como ele gostava! O seu desenvolvimento foi acentuando dia a dia e temos, hoje, o resultado deste telefonema sinistro: o Dudu saudável, atleta, malhado, nadador de primeira. Simplesmente maravilhoso. Compensou-nos.

A lição maior que pode ser lida: famílias cujo orgulho ultrapassa a realidade biológica são surpreendidas por fatos biológicos indeléveis. Ninguém é isento da variabilidade genética! Diferenças são fundamentais para o pleno desenvolvimento humano, já que nos levam a outro plano existencial. Não existem culpados, não existem punições, mas simplesmente um fato genético que, como tal, deve ser visto e aceito!

Obrigado, Dudu!

P.S. - Fica uma confissão para você, Léo. Lendo o seu livro, pude perceber o quanto, como tio, deixei de apoiá-lo naqueles momentos. Não só você, mas o Marcelinho e a Paula também. O Dudu requeria toda a nossa atenção naquela primeira fase e esquecemos dos outros. O pensamento era que simplesmente dariam conta do recado, juntos com Marcelo e Marina. Mas as coisas não são bem assim, não é?

Depoimento de seu tio e médico Márcio.

Com seu tio Márcio, o abraço sempre fácil.

Aprendizados

Não me lembro, com clareza, qual foi a minha reação exata ao saber que o meu irmão tinha Síndrome de Down. Claro que nós, como irmãos, também nos ressentimos com a notícia. É natural. De alguma forma, também tivemos que nos reestruturar emocionalmente.

Por uma dessas coincidências da vida, lembro-me de que, aos dez anos de idade, numa festa na casa de minha tia Eliane, eu notei, pela primeira vez em minha vida, um ser humano com características diferentes da minha. Quando cheguei em casa, acariciando a barriga de minha mãe, então grávida de cinco meses de seu quarto e especial filho, indaguei por que aquele menino era daquele jeito. Meio sem resposta, ela desconversou. Parece que o destino me respondeu alguns anos depois...

Um parêntese: durante a pesquisa para confecção deste trabalho, me deparei com uma passagem do livro da jornalista Cristina Werneck, que me fez refletir sobre a questão do nosso olhar seletivo.

Segundo ela, o fato é que nós já nos habituamos a passar ao largo da anormalidade. Afinal, aquele que tem Síndrome de Down mais próximo parece morar muito longe... De vez em quando, chega a notícia de que o primo de um amigo teve um filho com deficiência. A notícia logo se espalha e, por alguns dias, até nos compadecemos bastante. Mas é só quando, por acaso, esbarramos com um bebê com a síndrome passeando com seus pais no *shopping* é que tomamos consciência de que eles são parte da sociedade.

O neuropediatra e pesquisador paulista Dr. José Salomão Schwartzman me fez também refletir sobre a questão do olhar seletivo. Ele diz que todos nós sempre nos deparamos com pessoas com deficiência nas ruas e espaços públicos. O que acontece é que simplesmente não as vemos. Só passamos a enxergá-las quando temos alguém assim na nossa família.

Muitas vezes, quando lidamos com as diferenças, somos tomados de sobressalto por sentimentos variados, que podem ir da rejeição absoluta à pena, à compaixão. Sem nos darmos conta, procuramos disfarçar o que sentimos, embora para os mais sensíveis, o olhar demonstre o sentimento. Dó? Indiferença? Curiosidade? Não dá para prever nossas reações, mas talvez sejam de alívio por sabermos que essa criança ou adulto não faz parte da nossa família. Por que será?

Em algumas conversas para a confecção deste livro, nos lembramos da primeira PCD com a qual convivemos, mesmo que superficialmente, que foi o Luís, filho de Mário e Vanessa, que conhecemos em Piúma, no Espírito Santo. Já não bastasse o olhar, me deparei com minha memória seletiva e pensei no quanto ainda tenho que evoluir.

Indo à luta

"Somente quando encontramos o amor é
que descobrimos o que nos faltava na vida".
John Ruskin, escritor e crítico social.

Passado o tsunami inicial, já mais calmos, meus pais começaram a buscar mais informações sobre o assunto por meio de médicos, psicólogos e livros (vide final do livro). Nunca havíamos ouvido falar sobre o tema e nem éramos próximos de alguém que tivesse a síndrome. A conclusão a que chegamos, após a busca de informação, foi de que não existia um caminho ou manual certo a seguir. A informação, por si só, não dita rumos. É preciso refletir e articulá-la, pois o modo de utilizá-la e de lidar com ela é que leva à compreensão e, consequentemente, à tomada de atitudes corretas. Mas é preciso cuidado e discernimento. O excesso de informação pode prejudicar a aceitação da criança.

O período de adaptação, em que pais e irmãos aprendem a rever seus sonhos e a aceitar aquele diferente morador da casa, varia de uma família para outra. Na nossa, felizmente, conseguimos superar muito bem os entraves, obviamente com a ajuda de todos. Segundo relatos de minha mãe, o nascimento do Dudu contribuiu para o amadurecimento precoce dos seus outros filhos. Ela diz que todos tratamos de buscar mais autonomia, nos tornamos mais responsáveis e entendemos logo que aquela criança necessitava de muito apoio. Não me recordo desse processo, porém lembro que evitava levar problemas para casa e tentava aliviar as obrigações de nossa mãe, pois pensávamos que ela já tinha problemas suficientes para resolver. Obviamente que sentíamos, algumas vezes, medo, vergonha e culpa.

Segundo relatos coletados, nossa adolescência foi uma fase bem difícil. Muitas vezes, veio à tona o constrangimento de mostrar que nossa família não era perfeita e que tínhamos um irmão especial. Felizmente, com o tempo e o apoio de todos, conseguimos inserir o Dudu na rotina familiar sem privilégios e de forma igualitária. Concluo, sem qualquer comprovação científica, que isso contribuiu e ainda contribui para a aceitação e o desenvolvimento dele. Todos que nos conhecem ressaltam esse fato como transparente em nossa relação.

Com sua irmã e segunda família. Padrinho de Paula.

Meu anjo

Fica até difícil dar um depoimento sobre um anjo. Um anjo em todos os sentidos, na forma mais pura e verdadeira da palavra, anjo de amor, de compreensão, de paciência. Sem dúvida, um anjo de Deus! O Du é tudo isso e muito mais. É a melhor pessoa que já conheci em minha vida, uma pessoa apaixonante, enviada para nossa família para somar, ensinar, alegrar, admirar. Ele me ensina a cada dia, a cada palavra, a cada olhar.

Quando o Du nasceu, no dia 19 de setembro de 1990, eu tinha 14 anos. Sou a única mulher entre os meus três irmãos. Eu me lembro bem do primeiro telefonema que recebemos anunciando o nascimento dele. Era de manhã bem cedinho e a vizinha, amiga da nossa família, ligou falando que ela nos levaria para a escola, pois minha mãe tinha ido para o hospital de madrugada dar à luz ao meu irmãozinho. Com uma voz meio ressabiada, disse que estava tudo bem, mas que o meu irmãozinho teve algumas complicações e precisaria ficar alguns dias no hospital para se recuperar.

Eu ainda era uma menina e tinha pensamentos de menina. Logo, fomos informados que nosso irmãozinho tinha SD. Levei um susto. Não conhecia ninguém com aquela "doença". Apesar de nova, eu já tinha um certo preconceito e não gostei da novidade. Por que na nossa família?

Informando-me mais sobre o assunto, me disseram que pessoas com SD viviam pouco e a maioria tinha problemas cardíacos. Cheguei a pensar que seria melhor se ele tivesse problema cardíaco, pois assim viveria menos e seria melhor para todo mundo. Menos problemas!

Foi feito o exame e não foi detectado nenhum problema cardíaco. Ainda não o conhecia, pois ele nasceu com pneumonia dupla e ficou uns dez dias no CTI, entre e a vida e a morte. Os médicos achavam que a chance de ele sobreviver era remota e acharam melhor que os irmãos não o conhecessem antes de ele ir para casa.

E, então, no dia 1º de outubro de 1990, foi que tudo começou... Uma história linda de amor e superação. Meus pais nunca demonstraram nenhum tipo de preconceito e nem se abateram aparentemente com a chegada daquele novo filho. E digo novo em todos os sentidos, pois não acredito que alguém espera ter um filho com qualquer tipo de diferença. Pensando bem, meus pais foram os maiores exemplos de aceitação que já vi. O Du foi amado desde o primeiro suspiro. Quando chegou em casa, após dez dias entre a vida e a morte, eu também o amei instantaneamente, sem imaginar que aquele presente de Deus iria ser meu maior exemplo, minha maior força e meu melhor amigo para toda a vida.

E ele foi crescendo. Acompanhei seus primeiros passos, suas primeiras palavras, suas conquistas, suas derrotas. Ele é como meu filho, sinto por ele um amor incondicional como sinto hoje pelos meus dois filhos. Eu nunca tive vergonha de sair com ele para todos os lugares. Pelo contrário, ele era meu orgulho, meu companheirinho lindo, branquinho, de cabelos castanhos e olhos azuis. Parecia um bebê Johnson's desses que vemos nas propagandas.

O que mais me marcou na chegada do Du foi a união de toda a nossa família e a aceitação instantânea dos meus pais. Que exemplo lindo! Eu e o Léo éramos muito grudados à nossa mãe, e com a chegada do Du, em vez de ciúmes, nos unimos ainda mais. Eu sou uma pessoa muito positiva e minha fé se fortaleceu muito nesses últimos anos, por isso tento sempre enxergar as coisas de uma maneira natural, sem questionamentos desnecessários. Sendo assim, após o período inicial de insatisfação, nunca parei para questionar o porquê daquele irmão diferente. O Du, para mim, sempre foi um irmão normal, como meus dois outros. Só que eu sempre o amei de uma maneira diferente e mais intensa do que qualquer outra pessoa.

Pensando bem, acho que o Du provoca a abertura do amor sem fronteiras nas pessoas que convivem com ele. Faz com que o amor que existe dentro de nós saia na mais bela e pura forma de amar. Quer benção maior?

Nunca discriminei ou tive vergonha dele, muito pelo contrário. Ele sempre conviveu com minhas amigas e no meu meio. Sempre me acompanhou em todos os momentos, nos restaurantes, nas festas mais íntimas, até para comprar roupas eu sempre o levava e pedia sua opinião. E ele sempre foi bem sincero quando não gostava.

E eu fui crescendo e ele foi crescendo junto comigo. Quando entrei para a faculdade, me lembro como se fosse hoje, ele esperava eu chegar todas as noites e não dormia enquanto eu não dormia. A gente entrava para o meu quarto e ficávamos dando gargalhadas juntos até altas horas, ele tinha crise de risos. Que delícia aquelas risadas espontâneas! Qualquer coisa era motivo de sorriso, de alegrias, de palavras doces e engraçadas. Até hoje quando vou a BH nós ainda temos nossas crises de risos, é tão gostoso e especial! Na minha formatura, ele foi a atração principal. Subiu no palco e tocou junto com a banda de música e roubou a cena. Todos ficaram encantados!!!

Fiquei pensando em algum momento muito marcante que passei com ele para narrar para vocês. Foram tantos que não consegui separar um. A única coisa que me vem à cabeça quando falo dele é o amor (e a ingenuidade) na forma mais pura da palavra. Eu o amo do jeitinho que ele é. Ah, se todos nós fôssemos diferentes como ele... O mundo iria ser belo, mágico e encantado. O paraíso seria aqui.

Eu me lembro de quando fiquei noiva, aos 29 anos, ele se emocionou muito na mesa... e isso marcou no fundo do meu coração. Ele fez um depoimento de amor para mim, chorando. Acho que o sentimento dele era de que iria me perder, pois eu tinha me mudado de Belo Horizonte para Brasília e nós éramos muito grudados. Em 29 anos, eu não me lembrava de tê-lo visto chorar nenhuma vez. Em 2007, no meu casamento, ele mais uma vez roubou a cena e se fez integrante da banda de música contratada, encantando a todos os convidados.

Eu me mudei para Brasília com 26 anos e nos primeiros dois anos eu ia muito a BH, mas depois que me casei e virei mãe de dois babys, minhas idas ficaram mais escassas e meu contato maior com ele é por telefone e Skype. O que posso dizer é que deixei um menino de 13 anos lá e agora ele já é um adolescente de 21. O que ficou muito visível nesses nove anos que se passaram foi que o meu irmão Léo "tomou o meu lugar" no bom sentido. O Léo virou seu companheiro inseparável depois da minha mudança. O amor do Léo por ele é algo avassalador, que salta aos olhos de qualquer um. É lindo ver a cumplicidade dos dois. O que mais me marca quando vou visitá-los é saber que o Du continua com um superirmão por perto. Isso fez com que eu não me arrependesse de ter mudado de cidade e tranquilizou meu coração.

O amor dos meus pais por ele é algo muito marcante e bonito de se ver. Depois que me tornei mãe, valorizei ainda mais os superpais que tenho. Verdadeiros exemplos de dedicação, fidelidade, companheirismo e aceitação.

O Du nunca, nunca falou uma palavra para desagradar ninguém. Ele tem o sentido aguçado para perceber quem está mais precisando de carinho e de elogios. E é esse o papel dele na nossa família. Agradar quem está mais precisando, elogiar quem está ao seu lado, aconselhar quem se sente fraco e amar sem preconceito de cor, idade e sexo. Eu o amo tanto... tanto... que não consigo segurar as lágrimas ao escrever sobre ele... meu amor, meu anjo... meu exemplo... minha vida!

O dom dele para a música vem desde pequenininho. Não consigo imaginá-lo sem um cavaquinho ou outro instrumento musical na mão! Nasceu para ser artista e se supera a cada dia, emocionando o mais duro dos corações!

Eu sou advogada, mas tenho muita vontade de trabalhar com crianças com SD. Seria uma bênção e um aprendizado diário. Quem sabe um dia... Toda vez que vejo alguém com SD tenho muita vontade de beijá-lo e abraçá-lo. Acho que é uma forma de matar a saudade do meu querido Du e sentir a pureza e o amor dessa família linda.

A todos que estão lendo sobre o assunto, que têm filhos ou familiares com SD ou trabalham com eles, digo que vocês foram abençoados, selecionados e escolhidos. Por isso, por mais difícil que seja a aceitação inicial, não vou falar que seria fácil receber a notícia, pois até para mim não seria fácil, mas tenho certeza de que uma hora vocês vão agradecer por essa bênção, pois vocês terão a companhia de um anjo pela vida terrena de vocês.

Acho que resumi um pouquinho da minha linda história com ele.

Depoimento de Paula.

Com sua irmã Paula.

A forma natural com que meu pai e minha mãe lidaram com o Dudu ajudou na adaptação. Foi fundamental também o fato de eles nunca omitirem qualquer informação sobre o que estava acontecendo. Isso evitou a rejeição. Ele foi, desde o início, incluído no grupo e, como diz o ditado, é preferível incluir cedo para não ter que integrar depois.

Ainda sem sabermos como lidar com aquele turbilhão de emoções, me lembro apenas de que, passado o clima estranho inicial de insegurança e medo, consolidou-se em pouco tempo um ambiente de alegria que podia ser visto no rosto e nas atitudes de todos.

O apoio da família, especialmente dos meus tios Márcio e Eliane, que assumiram para si muitas responsabilidades, foi de grande relevância. Todos acreditamos que não existe um destino genético definitivo e determinante na formação psíquica de uma pessoa, mas, sim, uma crença de que, coletivamente, pode haver a humanização e o desenvolvimento do ser humano. Todos participaram da construção da identidade do Dudu. Todos foram professores que acreditaram naquele aluno especial e investiram em ensiná-lo, estimulá-lo e provocá-lo a construir seu saber. Nunca adotamos a ideia de que não aprender era a regra. Pelo contrário, sempre acreditamos em seu potencial. Obviamente que observamos seus limites e alcances, aceitando que há uma diferença que se impõe e que não pode ser escondida ou ignorada. O corpo é, sim, uma estrutura que permite, amplia e restringe possibilidades, mas não basta por si só. Somos mais do que um corpo. Somos sujeitos com individualidades, seres culturais e sociais. Enfim, criamos um espaço no qual não antecipamos os limites e o futuro do Dudu. Observamos e valorizamos suas particularidades e aplaudimos suas conquistas, apesar dos seus limites orgânicos.

Lacunas e infância

> "Só existe uma lei no amor,
> tornar feliz quem se ama."
> **Stendhal, escritor francês.**

O primeiro evento que lembro de ter participado com Dudu foi o batizado dele, no dia 6 de outubro de 1991, na Igreja São Bento, em Belo Horizonte. Após a celebração, fomos festejar na casa do Tio Zezé. Era também a comemoração de seu aniversário de 1 ano. Não me esqueço dessa data porque ela marcou na minha memória o início da nossa imensa cumplicidade e trocas de carinho e afeto.

Foi vestido como um marinheiro que o Dudu completou seu primeiro ano de vida. A família, toda presente, animou bastante a festa.

Ele parecia comemorar a vida, a vitória. A saúde que o mantinha em desenvolvimento aumentava a cada dia o meu envolvimento com ele. Desde então, não imagino nossas vidas sem a presença dele. Estávamos definitivamente interligados.

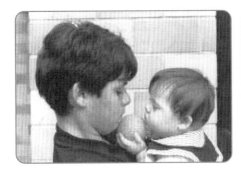 

Ainda não tenho explicações para o motivo de não me recordar dos acontecimentos entre o batizado do Dudu e seu aniversário de sete anos.

Penso que, por estar no auge da adolescência, com foco muito voltado para os amigos, não entendia muito bem por que ele era tão diferente de mim. Quem sabe um dia eu consiga desatar esse nó e me lembrar de como foi esse período em nossas vidas.

Creio que nunca vou saber precisar em que momento deixei de lado qualquer resquício de rejeição ou constrangimento que, obviamente, existia. Mas acho que a espontaneidade do meu irmão, seu riso fácil e seu otimismo quebraram facilmente minhas possíveis armas. Ele me fez viver momentos mágicos e conquistou afeto num mundo onde os sentimentos positivos são gratuitos para os seres normais, mas difíceis de brotar quando se é imperfeito. Quanto ensinamento!

Mas, depois de muitas conversas com os demais atores dessa aventura que é a vida, consegui destacar alguns fatos marcantes. A primeira grande dificuldade foi mamar, devido à flacidez muscular e à sua alergia ao leite de vaca. Depois de muitas noites sem dormir, descobriu-se, em janeiro de 1991, em Piúma, com a ajuda do seu pediatra e de seu tio Zezé, que, alérgico ao leite de vaca, ele teria que tomar leite de cabra.

A intolerância do bebê ao leite de vaca provocava diarreia profusa e, às vezes, vômitos, o que retardava o seu desenvolvimento físico. Começamos a buscar o leite de cabra nas propriedades próximas, todas as manhãs, o que foi uma maravilha. Rapidamente o Eduardo melhorou e recuperou seu desenvolvimento.

Para minha mãe, não poder amamentar o próprio filho, como havia feito com os outros três, foi uma grande dor, pois é na amamentação que ocorrem trocas afetivas entre mãe e filho. Mesmo sem amamentá-lo, ela supriu muito bem essa função com olhares e carinho, ao lhe dar a mamadeira.

Outro grande drama foi andar. Dudu engatinhava com dificuldade e superou esse desafio quando completou um ano e seis meses. Aos onze meses, já começava a ficar de pé em apoios.

Foi com dois anos que Eduardo pronunciou suas primeiras palavras, com uma dicção um pouco desajeitada. Nas PCD, a fala é prejudicada pelo tamanho da língua, hipotonia, facilmente superada com o treinamento. No caso dele, foi usado um videoquê que ele adorava acompanhar cantando. Até hoje adora cantar, apesar da timidez.

A evolução do Dudu continuava e nos surpreendia a todo momento. Ao contrário de alguns prognósticos, seu desenvolvimento era rápido. A dicção melhorava, mesmo sem ir ao fonoaudiólogo, assim como seu vocabulário, talvez pela convivência com adultos. A comunicação oral já era suficientemente boa como veículo de seus pensamentos, vontades e desejos. Ele começou a frequentar aulas de natação, onde era o único aluno com deficiência. A aceitação dos professores, colegas e pais dos pequenos nadadores foi importante e gratificante. Nessa fase, notamos a força do seu carisma e sua capacidade para conquistar as pessoas.

A estimulação que meus pais e familiares deram ao Eduardo foi muito grande. Lembro-me de que ele até decorou um livro de bichos com nomes muito difíceis, como Gnu, e também decorou o nome de todas as árvores. Além disso, com o apoio de sua tia Eliane, pintou seus primeiros quadros aos seis anos de idade.

Brinquedos...

Alegria...   Peraltices...

Educação formal, escola normal

> "O amor é como a criança:
> deseja tudo o que vê."
> **William Shakespeare,
> dramaturgo e poeta inglês.**

A primeira escola do Dudu foi a Criatividade, que fica próxima a nossa casa no bairro Santa Lúcia, em BH. Segundo meus pais, foi a única que aceitou recebê-lo com carinho e sem discriminação. Nessa época, eles viveram momentos de muita tristeza, mesmo estando preparados para as dificuldades de se conseguir uma vaga nas instituições ditas normais. Foram muitos os senões, as negativas, as desculpas, as explicações. Foi particularmente difícil e triste receber o não de uma escola tradicional de Minas. Para o meu pai, que se sacrificou para oferecer uma educação de ponta para os três filhos, foi um balde de água fria, uma demonstração de que as instituições e, em última instância, a sociedade de um modo geral estão despreparadas para conviver com as diferenças. O colégio que meu pai escolheu para seus três primeiros filhos rejeitou peremptoriamente a possibilidade de o Dudu estudar lá, o que acabou resultando em uma ação judicial que não prosseguiu porque meu pai desistiu. Era resistência demais. Era muito sacrifício e frustração para continuar.

A desinformação é patente e as desculpas variadas. No caso da rejeição ao Dudu, as principais explicações foram:

- Falta de preparo dos professores;
- Falta de infraestrutura;
- Falta de garantia de resultados;
- Receio de que os demais alunos pudessem maltratá-lo e a impossibilidade de ter alguém específico para controlar a situação;
- Necessidade de inúmeros testes e exames, inclusive de laudo médico para conhecer as condições da saúde da criança, bem como de laudo psicológico para avaliar a capacidade de convivência do aluno com as demais crianças;
- O aluno teria que chegar mais tarde e sair mais cedo para que outros pais não o vissem na escola.

Meus pais conversaram diretamente com as diretoras da escola Criatividade, explicando a situação do Dudu e as dificuldades que eles enfrentavam para encontrar uma instituição que o aceitasse. Felizmente, as diretoras, mesmo sem todo o preparo, o acolheram de braços abertos, inicialmente a título de experiência, para ver se ele se adaptava. A ousadia dessas diretoras e a vontade delas de aprender marcaram nossa família profundamente. Foi um acontecimento da maior importância para a autoestima do meu pai. Afinal, foi o primeiro caso de inclusão naquela instituição, uma vitória da humanidade. Elas foram peças importantes para a aceitação dele, pois o receberam de coração aberto. Apesar de suas limitações, ele conseguiu fazer o seu melhor e, obviamente, seu aproveitamento ficava aquém dos colegas.

Aprendendo a ler.   **Aniversário de cinco anos na escola Criatividade.**

Infelizmente, nem todas as escolas tentam suprir o despreparo e acabam violando, inclusive, um direito constitucional. É necessário ter um olhar positivo para as condições de aprendizagem, o que ajuda a eliminar as barreiras e a compreender os limites em vez de acentuar as diferenças.

Enquanto Dudu permaneceu na escola Criatividade, não houve grandes problemas, porque foi aceito facilmente pelos professores. A estrutura da escola era boa, porém não tinha programas específicos.

Respostas vazias

Pela nossa legislação, é crime recusar a matrícula de qualquer criança. Só que esse crime nunca foi parar nos tribunais. Em primeiro lugar, porque os pais não se queixam. Muitos nem sabem onde e com quem reclamar. Em segundo, porque é muito difícil documentar essa rejeição. Trata-se de uma recusa velada, normalmente sem mencionar que o motivo é a deficiência.

O que dizem é que aquela escola não é a melhor para a criança. E os pais vão batendo de porta em porta, encontrando quase sempre a mesma resposta vazia.

Nesses casos, o recomendado é entrar com um processo de danos morais. Para isso, é preciso que os pais estejam documentados. Convém, por exemplo, solicitar a recusa da escola por escrito para que o crime possa ser comprovado. Quando não se faz valer a lei, sobra essa sensação de impunidade e as instituições continuam repetindo o mesmo comportamento.

A convenção da Guatemala define o que é discriminação por causa da deficiência. Todo mundo acha que sabe o que é discriminação, mas a gente não sabe o que é. De acordo com a convenção: "A discriminação é toda diferenciação, exclusão ou restrição baseada em deficiência ou antecedente de deficiência. Não será considerado discriminação apenas quando se tratar de uma diferenciação para promover a integração da pessoa em questão, para permitir o acesso dela aos mesmos direitos que as demais."

O direito das crianças de frequentar escolas regulares é garantido pela lei de diretrizes e bases nº 9.394 de 20 de dezembro de 1996, parágrafo 2 do artigo 58, capítulo V.

A inclusão é um dever? Pela Constituição brasileira, sim. Porém, na prática, o despreparo é total. A comunidade precisa ser educada, orientada, organizada e convocada por educadores, que também devem estar comprometidos com a justiça social, devem saber que precisam incluir os pobres, os índios, os adultos analfabetos, os idosos e os deficientes. As escolas precisam ser planejadas e replanejadas.

Penso que a convivência do Dudu, nos primeiros anos, com crianças comuns foi muito estimulante e proveitosa, apesar das dificuldades e do preconceito de algumas mães que iam buscar seus filhos e o olhavam de forma diferente. Mas não podíamos deixá-lo viver dentro de um aquário diante de tantas possibilidades, diante desse verdadeiro oceano de oportunidades que é a vida.

Sabemos que ainda existem muitas PCD fora das escolas regulares. O ensino especial, que legalmente deveria atuar de forma articulada com o regular para prover as condições necessárias à inclusão, acaba sendo a única forma de escolarização possível das pessoas com Down. Reconhecemos a importância dessas instituições e, principalmente, sua contribuição no sentido de oferecer atendimento específico. O que chamamos a atenção é para a generalização. Não é justo que uma criança, simplesmente por nascer com deficiência, tenha a escola especializada como única possibilidade, com as outras escolas negando-lhe acesso ao ensino regular e ao convívio com as demais.

Outra visão é de que, na escola regular, a criança com deficiência encontra obstáculos que dificultam sua real e efetiva inclusão, fazendo com que ela acabe não aprendendo. Isso porque o modelo de ensino vigente propõe ensinar todas as crianças de maneira igual. E já sabemos que há diversas formas de aprendizado. Nesse processo, a criança PCD acaba sendo mesmo excluída, pois dentro desse método, na maioria das vezes, é vista como um aluno que deve ser cuidado e não ensinado. Vale destacar que as escolas atendem os alunos especiais em classes especiais sempre que não for possível a sua integração nas classes comuns de ensino regular (direito garantido pela Lei de Diretrizes e Base, Lei nº 9.394 de 20 de dezembro de 1996, parágrafo 2 do artigo 58, capítulo V).

Felizmente, está em extinção a ideia de que existem dois grupos distintos de crianças – deficientes e não deficientes – ou as que necessitam de educação especial ou só de educação. Não podemos educar ninguém enquanto não conhecermos o indivíduo que existe por trás de sua condição. As PCD têm habilidades e dificuldades como todos nós. A educação da pessoa com Síndrome de Down deve atender às suas necessidades especiais sem se desviar dos princípios básicos da educação proposta às demais pessoas.

A educação especial, garantida por lei ao deficiente, deve atender aos seguintes objetivos:

- Respeitar a variação intelectual dos indivíduos, oferecendo iguais possibilidades de desenvolvimento, independentemente do ritmo de cada um;
- Valorizar a criança e o jovem, incentivando-os em seu processo educacional;
- Realizar planejamentos e avaliações periódicas a fim de suprir as necessidades gerais e individuais do grupo, com constante reavaliação do trabalho.

A aprendizagem da pessoa com Síndrome de Down ocorre num ritmo mais lento. A criança demora mais tempo para ler, escrever e fazer contas. No entanto, a maioria tem condições de ser alfabetizada e de realizar operações lógicas e matemáticas.

A produção legislativa no campo da pessoa com deficiência tem sido volumosa, anunciando aqui e ali incontáveis avanços no mundo jurídico e pouco avanço no mundo real.

A inclusão é um dever. A comunidade precisa ser educada, orientada, organizada e convocada por educadores, que também deverão estar comprometidos com a justiça social, sabendo que deverão incluir os pobres, os índios, os adultos analfabetos, os idosos e os deficientes em uma unidade escolar que vise dar condições, pensar essas condições, planejá-las e replanejá-las.

Abaixo, alguns princípios de uma pedagogia equilibrada que constam da Declaração de Salamanca, assinada durante a Conferência Mundial sobre Educação para Necessidades Especiais, realizada em junho de 1994, na Espanha, considerada um marco para a inclusão de estudantes especiais em escolas regulares.

- Cada criança tem o direito fundamental à educação e deve ter a oportunidade de conseguir e manter um nível aceitável de aprendizagem;
- Cada criança tem características, interesses, capacidades e necessidades de aprendizagem que lhe são próprias;
- Os sistemas de educação devem ser planejados e os programas educativos implementados tendo-se em vista a vasta diversidade dessas características e necessidades;
- As crianças e jovens com necessidades educativas especiais devem ter acesso a escolas regulares, que a elas se devem adequar por meio de uma pedagogia centrada na criança, capaz de ir ao encontro dessas necessidades;
- As escolas regulares, seguindo essa orientação inclusiva, constituem os meios capazes para combater as atitudes discriminatórias, criando comunidades abertas e solidárias, construindo uma sociedade inclusiva e atingindo a educação para todos. Além disso, proporcionam uma educação adequada à maioria das crianças e promovem a eficiência, numa ótima relação custo-qualidade de todo o sistema educativo.

Portanto, a conclusão a que podemos chegar é que deficiente é o sistema, somos nós que, frente aos obstáculos, ao desconhecido e aos desafios que fogem ao nosso falso controle, queremos recuar com a desculpa mais esfarrapada e repulsiva de que "é necessária a preparação dos educadores e das escolas".

Em um momento de descontração.

Família unida

> "O verdadeiro amor nunca se desgasta. Quanto mais se dá, mais se tem."
> **Antoine de Saint-Exupéry, aviador e escritor francês.**

A estimulação precoce no caso do meu irmão foi incessante. E seus primeiros passos nos mostraram uma nova imagem, muito diferente da dita pelos médicos. Seu potencial era enorme e a visão de uma pessoa frágil e desmotivada sumiu de nossa imaginação, surgindo um ser humano disposto a encarar com garra todos os desafios. Ao mesmo tempo, com seu modo de ser doce, espontâneo e puro, ele cativava toda a família. O rendimento é melhor se variarmos os exercícios e a forma de estimulação. Segundo contam meus pais, eles estimularam o Dudu a brincar na areia, na água, no quente, no frio, a pular corda, jogar amarelinha, promover jogos de imitação, brincadeiras de roda, subir em árvores, brincar em balanços, escorregadores e gangorras. Do jeito deles, fizeram muita estimulação visual desde o nascimento do filho, colocando ao alcance da visão dele objetos coloridos e brilhantes. Fizeram também a estimulação auditiva. Lembro-me de tê-los visto usar instrumentos musicais e chocalhos, além de muita conversa. A estimulação sensitiva foi feita com a oferta de brinquedos diferentes em forma e aspecto: ásperos, lisos, de borracha, de madeira, de ferro, de tecido... Mas, para mim, a principal estimulação que meus pais ofereceram ao Dudu foi

Curtindo a praia.

a social, colocando-o em contato com outros bebês do bairro desde muito cedo. Tomando banho de sol, eles brincavam juntos.

Estudos realizados nos últimos anos demonstraram que a criança Down tem, na sua natureza, algumas potencialidades que, se trabalhadas adequadamente desde os primeiros dias de vida, vão permitir que ela alcance graus inesperados de desenvolvimento, autonomia e participação na sociedade. Mas, na minha opinião, vale dizer, nada disso adiantaria sem afetividade e aceitação, apenas para atender aos anseios médicos.

A organização neurológica é a base da estruturação humana, mental e psicológica, ou seja, de toda a personalidade da criança. A capacidade de o organismo absorver, integrar, organizar, armazenar cada informação, o que é fundamental ao aprendizado, está em proporção direta com o grau de desenvolvimento do sistema nervoso. Eis por que são tão importantes as primeiras semanas e os primeiros meses de vida de uma criança com Down. É sobretudo nesse período que ela deve receber continuamente estímulos motores-ambientais que lhe provoquem adaptação e aprendizado. Assim, é natural que, com a superação das várias etapas, a criança vá, mentalmente, descobrindo o mundo, integrando-o dentro dela, e só assim comece a conhecer o próprio corpo.

As crianças com Down, por serem hipotônicas e flácidas, demoram mais para despertar para o mundo. Portanto, faz-se necessário um envolvimento afetivo mais profundo. A hipotonia muscular dificulta o desenvolvimento da fala, pois provoca um desequilíbrio de forças entre os músculos da boca e da face, o que altera a arcada dentária, projeta o maxilar inferior e permite que a língua assuma uma posição inadequada, sempre para fora. Sabe-se que a comunicação verbal ocorre quando outras etapas são superadas: comunicação com os olhos, com gestos, amor e respeito. Para o Dudu, falar foi o resultado de um processo longo, que começou a ser estimulado desde o seu nascimento. Cláudia Werneck ressalta que esse processo é quase que subliminar e só funciona quando é absolutamente verdadeiro. Penso que meus pais criaram um ambiente estimulador e favorável, mostrando toda a paciência do mundo para incentivá-lo a se expressar.

Nossa família sempre baseou a educação do Dudu no amor, no respeito, na coragem e na crença de que ele iria se desenvolver e trazer muita alegria. Tudo isso se mostrou fundamental para o crescimento dele hoje.

Desde novinho, Dudu frequentou clubes, parques e casas dos parentes, participou de viagens a Piúma. Penso que, se houve algum constrangimento, foi bem passageiro. Havia uma admiração tácita e a aceitação foi ficando cada dia mais visível e notória. Não sei quem imitava quem no exemplo dessa aceitação. Fato é que uma cadeia de afeto já estava se formando e crescendo, deixando o ambiente familiar e envolvendo amigos, conhecidos e profissionais. Nem é preciso citar o benefício de tudo isso para nós e especialmente para o desenvolvimento do Eduardo.

Com os primos Igor e Rafael.

De toda a estimulação recebida pela família, nenhuma se compara à oferecida pelo nosso pai, Marcelo. Ele foi o grande professor do Dudu. Com o uso de muita imitação, ele fazia o filho trabalhar todos os músculos e o cérebro. E os avanços são surpreendentes.

Sempre procurei me inteirar sobre o assunto e, segundo todos os livros que li, a recomendação é: estimulação por meio de psicólogos, fonoaudiólogos, terapeutas etc. Com o Dudu, o que me chamou a atenção foi que ele frequentou esses profissionais apenas por um tempo muito curto. Claro que o ideal, para as famílias de boas condições financeiras, é sempre ter esse acompanhamento. No caso do meu irmão, pelo que resgatei nos relatos, foi a família, especialmente meus pais, a maior estimuladora, nem sempre com as técnicas mais adequadas. Foi a vitória do amor e da intuição.

É preciso salientar, no entanto, que nada substitui um especialista. Porém, para os meus pais, foi a maneira possível que encontraram para, acredito, entender o Eduardo de forma direta. Isso colaborou bastante para o fortalecimento da ligação entre eles, para que houvesse, como há até hoje, uma relação de confiança que é sempre crescente.

Como muito bem disse a escritora Cecília Dias em seu livro *Construindo o caminho*, a vida se parece com os rios: cada um tem seu caminho diferente, com mais ou menos obstáculos, em regiões mais ou menos atraentes, com calma ou turbulência, com mais ou menos afluentes. Variam a velocidade das águas, a presença ou não de cataratas, a profundidade ou largura do leito, a flora e a fauna que o habitam. Mas todos seguem com a certeza de que vão acabar, seja em estuário, seja em delta. Pode haver flores e pássaros, como pode haver aridez e escuridão. Os rios podem devastar plantações e arruinar cidades ou representar abastecimento, beneficiar comunidades e propiciar transportes. Assim como os homens, que podem destruir ou engrandecer o planeta e as pessoas. Sempre associamos felicidade ao curso perfeito de um rio. Nada de entraves, nada de turbulência, nada de detritos. Será que a vida é perfeita assim?

Primeiros contatos (dois meses).

Evolução e superação

"Os que acreditam na sorte ficam esperando por uma oportunidade. Os que acreditam em seu potencial criam as oportunidades."
Fernando Lapolli, escritor.

A evolução do Eduardo continuava surpreendente e rápida, ao contrário do que muitos esperavam. A dicção melhorava, mesmo sem ir ao fonoaudiólogo, assim como seu vocabulário, talvez pela sua convivência com adultos. Às vezes acontece, ainda hoje, de ele tentar se expressar e ser interrompido pelas falas de uma família numerosa como a nossa. Em algumas ocasiões, espera tanto a sua vez de falar que, quando chega sua hora, ele se esquece do que queria dizer. Mas tudo é encarado com muito bom humor.

Nesse tempo – e também mais tarde, em outras situações – entendi o que significa paciência. Era – e ainda sou – uma pessoa agitada e ansiosa e o Dudu me ensinou – e ensina – em inúmeras ocasiões que eu precisava controlar a pressa e respeitar o ritmo dele. Ainda hoje aprendo isso com ele que, recentemente, em uma partida de *videogame*, disse para nossa mãe, Marina:

— Não gosto de jogar com o Léo, pois ele não respeita o meu tempo. Quanta sabedoria contida numa singela e despretensiosa frase! Naquele dia, atinei que nenhuma pessoa é igual a outra. Todos devem ter oportunidade de aprender, cada um dentro do seu ritmo e cadência.

Como toda criança, Dudu era acompanhado pelo seu pediatra, José Eustáquio Mateus, que infelizmente partiu num trágico acidente de carro na rodovia da morte, a BR-381, em abril de 1995.

Isso levou meus pais a ouvir mais os médicos da família, Márcio e Zezé. Felizmente, sua saúde é muito boa e, exceto o problema da tireoide, teve poucos contratempos.

Amor como remédio

Sobre a questão da tireoide, o apoio de nossa prima médica Érika, que sempre esteve presente em todos os grandes momentos de nossas vidas, foi de fundamental importância para a detecção, tratamento e acompanhamento do problema. Os sintomas foram logo percebidos por Érika: ganho de peso e lentidão. A disfunção mais comum da tireoide nas pessoas com Síndrome de Down é o hipotireoidismo, que ocorre em aproximadamente 10% das crianças e em 13% a 50% dos adultos com a síndrome. A presença dessa alteração pode ser a causa da obesidade, além de prejudicar o desenvolvimento intelectual. Assim, Eduardo é anualmente submetido a dosagens dos hormônios da tireoide (T3, T4 e TSH) para que seu desenvolvimento não seja comprometido.

Uma passagem interessante de que me recordo: sua primeira crise de sinusite. Como tem muito respeito pelas pessoas e é incapaz de acordar alguém, em vez de despertar meus pais para lhes contar que estava sentindo um incômodo, preferiu telefonar para eles avisando. Tudo dentro da nossa própria casa. Ele tinha 12 anos quando isso aconteceu.

Em dezembro de 2010, ficamos muito preocupados. O hemograma do Eduardo acusou uma redução de suas plaquetas que são responsáveis pela coagulação sanguínea. Consultamos alguns médicos e ainda estamos em fase de observações e exames, uma vez que suas plaquetas estão abaixo da normalidade.

Os principais profissionais que ajudaram na formação do Eduardo foram:

- **Dr. Márcio Vieira Gomes;**
- **Dr. José Silvio Vieira Gomes;**
- **Dr. Breno Figueiredo Gomes;**
- **Dra. Érika Figueiredo Gomes;**
- **Dr. José Eustáquio (pediatra).**

Certamente, há muitas formas de cuidar e de lidar com a PCD. Sabemos que não há regras nem procedimentos fixos e padronizados para o trabalho e promoção do desenvolvimento deles. A experiência aqui relatada é apenas uma entre inúmeras possibilidades. Ciência, religião, astrologia, bom senso, sabedoria popular, tudo pode ser útil para o processo de aceitação e estimulação. Cada família deve criar sua própria forma de educar seus filhos, de acordo com suas condições. Mas em todas elas tem que existir o amor.

Primeiras letras

> "Cada qual sabe amar a seu modo; o modo,
> pouco importa; o essencial é que saiba amar."
> **Machado de Assis**

Outro fato que me vem à mente foi a primeira vez que jogamos *videogame* juntos. Foi mágico ver o Eduardo galgar fases no jogo *Sonic*. Foi mais uma de suas inúmeras vitórias e o embrião de sua habilidade com os eletrônicos. Hoje, ele os manuseia muito bem. Há quem diga que é o melhor da família no XBOX 360, Facebook, *e-mails* e computador de um modo geral. Que fase boa foi essa da descoberta e dos avanços dele! Naqueles dias, já nos chamávamos de Tuquinho de Gente ou Tuco, e só tenho lembranças boas desses momentos.

Eu me lembro também dos seus cadernos, muito bem organizados, e de suas dificuldades em Matemática. Houve um fato interessante, quando ele levou para a escola, para a prova dessa matéria, uma calculadora. E, com esse empurrão, acertou todas as contas do teste. No dia seguinte, a professora explicou que ele não poderia ter usado a maquininha e que teria que fazer tudo de novo. Eduardo chegou muito chateado em casa e se queixou:

— Pô, Léo, assim não dá. Eu tento, tento e, na hora da prova, me dá um branco.

É muito comovente a sua vontade de fazer o seu melhor. Sempre.

Caderno de Dudu.

Como era o quarto filho, Dudu acompanhava toda a conversa, movimentação, rotina e bagunça da família, principalmente nosso ritmo rápido para comer. Com esforço, rapidamente ele se integrou a tudo e até aprendeu a defender sua comida.

Aos oito anos, por decisão dos meus pais, Eduardo saiu da escola Criatividade. A equipe da instituição, com base nas observações e avaliações, concluiu que ele já não vinha dando resposta adequada à estimulação, não atingindo o progresso esperado. Geralmente, as PCD são excelentes imitadoras e, ao conviver com as crianças ditas normais, o Dudu imitava comportamentos e ações que foram importantes para o seu desenvolvimento.

Felizmente, indicaram para a minha mãe uma escola no bairro Sion, Instituto Educacional Despertar, uma das referências na inclusão em Minas Gerais. Lá, ele fez muitos amigos, que mantém até hoje, e iniciou seu primeiro namoro, com a Thaís.

Eduardo

Dezembro/1997

É uma criança carinhosa, inteligente e esperta. Com seu jeitinho meigo ganhou a admiração de todos da escola.

Sua integração à nova escola e professora foi tranquila e gradual, não apresentando, insatisfação ou insegurança.

Participou com interesse e dedicação das atividades propostas em sala, fazendo os exercícios com facilidade. Em algumas atividades demonstrou imaturidade em realizar algumas atividades propostas comcópias do quadro.

Obteve ótimo desempenho durante o ano, conseguindo vencer o conteúdo apresentado.

Parabéns!

Boas Férias !

Feliz Natal !

Um beijinho.

Paula

INSTITUTO EDUCACIONAL DESPERTAR

CERTIFICAMOS QUE

EDUARDO GONTIJO VIEIRA GOMES

NASCIDO EM

19 de Setembro de 1990

CONCLUIU O CURSO

4ª Série do Ensino Fundamental

LOCAL E DATA

Belo Horizonte, 20 de Novembro de 2003.

DIRETORA

DESPERTAR

PROFESSORA

ALUNO

Bem aceito e adaptado no Instituto Educacional Despertar, Eduardo pôde desenvolver algumas habilidades que os médicos, ao anunciarem sua deficiência, declararam como impossíveis. Isso apenas comprova que uma boa aceitação e estímulos adequados são capazes de superar limites, independentemente de nossas dificuldades.

Na Despertar, Dudu também avançou bastante em seu processo de alfabetização. Porém, ainda permanecia o obstáculo: sua dificuldade de abstração, que tanto lhe dificulta o aprendizado de matemática e sua lida com o dinheiro. Ele identifica as cédulas, mas não é capaz de pensar que uma nota de dez reais pode se transformar em duas cédulas de cinco ou dez de um real e assim sucessivamente. Apesar de, em última instancia, a música ser uma ciência exata com suas combinações de notas e acordes, esse campo ele domina bem.

A ideia de que as PCD não podem chegar a formas de pensamentos abstratos ainda hoje é muito aceita. Porém, vale a pena refletir mais uma vez: se continuarmos educando essas pessoas pressupondo que não poderão chegar a essa etapa, muito provavelmente não chegarão mesmo. O fato de aprenderem mais lentamente e, em alguns momentos, regredirem no aprendizado, não significa que não podem ou não vão aprender. Quando concluímos que as PCD não irão aprender, acabamos tomando o meio pelo fim e o que seria uma dificuldade maior transforma-se em impossibilidade, em inviabilidade. Ainda temos muito o que aprender nesse campo.

O preconceito e o senso de justiça com relação à Síndrome de Down no passado fizeram com que as PCD não tivessem nenhuma chance de se desenvolver cognitivamente. Pais e professores não acreditavam na possibilidade da alfabetização, pois as crianças eram rotuladas como doentes e, portanto, excluídas do convívio social. No processo de aprendizagem, a criança com Síndrome de Down deve ser reconhecida como ela é e não como gostaríamos que fosse.

As diferenças devem ser vistas como ponto de partida e não de chegada na hora de educar, para que sejam pensadas e desenvolvidas novas estratégias e processos cognitivos adequados.

Para alguns, o aluno com deficiência apresenta dificuldades em decompor tarefas, juntar habilidades e ideias, reter e transferir o que sabe e se adaptar a situações novas. Portanto, para quem segue esse pensamento, todo aprendizado deve sempre ser estimulado a partir do concreto, com instruções visuais para consolidar a aquisição do conhecimento. Uma maneira de incentivar a aprendizagem é o uso de brinquedos e jogos educativos, tornando a atividade prazerosa e interessante. O ensino deve ser divertido e fazer parte do cotidiano, despertando assim o interesse pelo aprender. Tenho lá minhas dúvidas, pois, para mim, todo ser humano é ilimitado. Penso que não se educa uma criança Down, mas uma criança. São os momentos, o modo de intervir, a oportunidade e o amor que devem ser redobrados. No caso do Dudu, foi "n" vezes multiplicado.

Talvez a potencialidade de uma PCD seja difícil de ser percebida, pois o processo de aprendizagem é mais lento do que o de uma pessoa dita normal. Uma PCD tem a mesma capacidade de aprendizado que qualquer outra. Apenas devemos descobrir qual é o melhor método a ser utilizado para atingir a potencialidade. Aliás, como acontece com qualquer pessoa.

O ponto fundamental para se descobrir a eficácia da PCD é dar oportunidade e acreditar que, mesmo com dificuldades, ela tem sua parte de eficiência. Basta oferecer as oportunidades para que ela, mesmo dentro de seus limites, mostre suas capacidades e possa superar entraves.

Já dissemos aqui que a hipotonia muscular dificulta o desenvolvimento da fala, pois provoca um desequilíbrio de forças entre os músculos da boca e da face. Mas sabe-se que a comunicação verbal ocorre quando outras etapas foram superadas – comunicação com os olhos, gestos, amor e respeito. Falar, para o Dudu, foi o resultado de um processo longo, que começou com a estimulação desde seu nascimento.

Aos 11 anos, Eduardo começava a ler de forma consistente, apesar da miopia, só descoberta quando ele fez 12 anos. Ele tinha dificuldade de ler o quadro de longe. Até hoje é difícil convencê-lo a aceitar os óculos, não sei por que motivo. Penso que, por ser muito vaidoso e entender um pouco o preconceito, quer evitar mais uma marca no olhar das pessoas. Em conversa com ele, foi mais ou menos isso que extraí do seu íntimo. Vale lembrar aqui que as estimativas mostram que 70% dos bebês com Down têm miopia e 50% possuem estrabismo. Com o Dudu, a adaptação com os óculos foi gradual. Aos poucos, ele foi aceitando os óculos para longe. Hoje, Dudu utiliza óculos e se acha supercharmoso.

No seu aniversário de 11 anos, Dudu recebeu de sua prima Érika um presente que adorou: um carro de telemensagem, surpresa que emocionou toda a família, que correu para a varanda para assistir.

Aniversário de dez anos.

Aniversário de 11 anos.

Exemplo de superação

Eis que chega para a nossa família um ser humano de Doçura extrema. Ganhamos Um verdadeiro presente!
Amor incondicional, carinho, compaixão...
Reina absoluto nosso Dudu.
Dono de um coração maior que o mundo! Obrigada por existir, amado Dudu!

Dudu realmente foi uma benção nas nossas vidas. Não há quem não tenha se tornado um ser humano melhor a partir da chegada dele. As lições são diárias. Nos pequenos gestos, nas palavras simples e diretas, nas emoções contidas ou escancaradas. Tolerância, perseverança, paciência...

Dudu é também um exemplo de superação. Não só dos limites dele próprio, mas também dos pais e irmãos. Não foi fácil. Acho que nunca será, para família nenhuma. Penso que a reação inicial seja um misto de impotência, culpa, frustração, raiva, preconceitos mil... Mas esses sentimentos aos poucos dão lugar a um amor extremo. E foi exatamente o que aconteceu. Meus tios têm um papel fundamental nessa história de sucesso. Graças ao amor, dedicação e estímulo deles foi que o Dudu conseguiu chegar onde está.

Dudu nos surpreende a cada dia. Certamente a caminhada ainda será longa e cheia de novos desafios. Mas também repleta de grandes emoções!

O certo é que esse rapazinho tão doce e especial conquistou o carinho e a admiração de todos nós da família.

Du, temos muito orgulho de você! E espero que continue trazendo muita alegria e música pra vida da gente, meu músico preferido!

Depoimento de sua prima e médica Érika.

Aos 12 anos, Dudu começou a apresentar um bom domínio da leitura e uma melhoria significativa na letra, que ele faz questão de chamar de cursiva. Por usar bastante o MSN e o computador de um modo geral, digita muito bem e interage com muita gente nas redes sociais.

Porém, ainda não sabe pontuar. Por outro lado, seus conhecimentos de matemática não vão muito além de soma e subtração.

Penso que faltam interesse e força de vontade de nossa parte. A noção de dinheiro e troco também é aquém do que precisa na vida diária. Mas acho que o importante é não estacionar no exercício da mente para não haver regressão. E que siga com o aprendizado prático, que o levará, cada vez mais, a uma integração social. Vale lembrar que sempre quando eu e Paula estávamos estudando, ele ficava do lado, com lápis e papel na mão, a seu modo e no seu tempo.

O processo de alfabetização, como muito bem enfatiza Cláudia Werneck, é apenas o resultado de um amadurecimento que se dá de dentro para fora, ou seja, uma pessoa só consegue aprender a ler e escrever quando ultrapassa etapas importantes do seu amadurecimento psíquico, físico e motor.

Como já havia mencionado, a Síndrome de Down é classificada como uma deficiência mental, na qual não podemos preestabelecer o limite do indivíduo. Mas existe a grande possibilidade de desenvolvimento cognitivo. A educação da pessoa com síndrome de Down deve atender às suas necessidades especiais, sem se desviar dos princípios básicos da educação proposta aos demais. Foi isso que meus pais fizeram. Todo incentivo é bem-vindo e não faltou isso ao querido Dudu.

Minha busca para entender a síndrome

"O amor só é lindo quando encontramos
alguém que nos transforme
no melhor que podemos ser."
Mário Quintana

Quando eu estava com 25 anos e o Eduardo com 13, nossa relação já estava bem consolidada e amadurecida, uma vez que meus irmãos já haviam saído de casa e estavam construindo suas respectivas famílias. Morávamos ele, nossos pais e eu. Foi quando tomei uma decisão da qual me lembro como se fosse hoje. Primeiro, fiquei no dilema entre buscar meus projetos pessoais e profissionais ou estar mais próximo de meu irmão para acompanhá-lo e ajudá-lo em sua caminhada. Quando recebi o convite para morar em Mariana para trabalhar na Samarco Mineração, receoso de soltar as amarras e, principalmente, de abandonar meu melhor amigo – que já estava sentido com a saída dos outros irmãos –, fui, mas assumi o compromisso de estar em Belo Horizonte nos finais de semana.

Foram longos cinco anos de muito crescimento e amadurecimento pessoal e profissional, pois morei sozinho e, nos finais de semana, vinha para BH. Nesse período, meus dilemas aumentaram bastante, pois foi justamente nessa época que comecei a estudar com mais afinco e aprofundamento a temática Síndrome de Down. Também foi nesse tempo que refleti bastante sobre o sentido da vida.

Todos temos dilemas na vida, porém esse me consumiu bastante: abrir mão de uma carreira profissional bem encaminhada em prol da felicidade de me sentir em um lugar que me faz feliz e, principalmente, para estar junto do meu ídolo, Dudu. É preciso realçar a cumplicidade da minha mulher, que participou e ajudou bastante nessa fase, me entendeu e me ajudou a tomar a melhor decisão.

Lembro-me da primeira homenagem formal que fiz ao Eduardo. Foi na minha formatura em Direito em 2001. Repito, aqui, o que escrevi no cartão que entreguei para ele.

Dedico ao meu mestre, guia, guru e irmão, Eduardo, a gratidão que as palavras não descrevem.

> Sou grato a Deus, pela presença constante em minha vida; ao meu pai pelos princípios e exemplos a mim transmitidos; à minha querida mãe pela simplicidade, carinho e apoio; aos meus irmãos pelo exemplo de força de vontade; à minha madrinha pelas lições de vida; ao meu padrinho pelo incentivo; aos meus tios, tias, primos, primas, amigos do Tudão, ao Galo, à Geral, ao Chopp com Água, aos companheiros e companheiras das inúmeras gandaias. Por fim, ao meu guru, mestre, guia e irmão Eduardo, gratidão que as palavras não descrevem.

Leonardo Gontijo convida você para sua Colação de Grau a se realizar no dia 13/12/2001, no Minas Centro. Após esta, para sua festa (Rua Ptolomeu, 225, Santa Lúcia).

No terceiro ano em que estava em Mariana, já tinha lido muito sobre o assunto Down e, como trabalho com sustentabilidade e já vislumbrava aliar o aspecto pessoal ao profissional, me matriculei no curso de especialização em Responsabilidade Social do IEC PUC Minas. Na grade curricular havia disciplinas empresariais e outras que tratam dos temas Inclusão e Pessoas com Deficiência.

O curso me fez amadurecer em alguns temas, principalmente na questão da falta de informação e do uso de conceitos errados que permeiam a temática da deficiência. Isso pode ser responsável pelo aumento do preconceito. Quantas lições, principalmente de colegas de sala, me fizeram ver o quanto somos limitados e replicadores de chavões que, na maioria das vezes, não condizem com a realidade.

O que me marcou mais foi a questão da sexualidade das PCD, que, segundo o senso comum, é altamente exacerbada. Após estudar o assunto cientificamente, percebe-se que é igual a de todos nós, porém demonstrada com menos hipocrisia e falsos moralismos. As PCD falam o que pensam sem se preocupar com os freios e censuras colocados pela sociedade, o que, em alguns casos, pode ser positivo para uma convivência social harmônica, porém limita nossa sinceridade e pulsões. Não se pode dizer que a sexualidade da pessoa com Síndrome de Down seja acentuada. Até porque nós, ditos normais, é que escondemos nossa sexualidade. As PCD são mais sinceras.

Eu e ele na minha formatura da faculdade.

Mitos e verdades sobre a Síndrome de Down

As crianças com Down são mais boazinhas. Não é verdade. Muitas são incentivadas a sorrir e a abraçar de forma exagerada e se encaixam no estereótipo. Parecem mais sinceras. Sim. Costumam ter uma franqueza desconcertante para pessoas preocupadas com alguns códigos sociais.

A Síndrome de Down é uma doença. Não. As pessoas que nascem com a Trissomia 21 não são doentes. Elas têm SD ou são Down. Quem nasce com Síndrome de Down morre muito jovem. Não.

Cardiopatias congênitas não diagnosticadas no passado, e que afetam um em cada três bebês Down, aliadas à baixa imunidade não tratada, podem provocar a morte de portadores aos 15, 16 anos. Hoje, graças à medicina moderna e à atenção dos pais, 80% dos Down passam dos 35 anos. Muitos passam dos 60.

O Down é incapaz de realizar sozinho tarefas banais como comer e se vestir. Não. Mas ainda há médicos que dizem isso para os pais na maternidade. Relacionamentos de amizade, amor e sexo são possíveis. Sim, claro. Também sentem antipatia e ódio. Têm uma sexualidade exacerbada. Não. Adolescentes Down gostam de sexo como qualquer outro da sua idade. Mas, por serem mais reprimidos pela sociedade, tendem a falar mais sobre sexo, como forma de reagir à repressão e se impor. Síndrome de Down é mais comum entre brancos. Não. A incidência é igual entre brancos, negros e asiáticos.

Homens e mulheres com Síndrome de Down não podem ter filhos. Mulheres costumam ter o aparelho reprodutor apto a ter filhos. Homens, até prova em contrário, são estéreis.

Todos os Down vão desenvolver o Mal de Alzheimer. Não. Muitos apresentam sinais de demência a partir dos 40 anos, mas isso é evitável. Estudos sugerem que o índice de demência é igual ao do resto da população, mas acontecem 20 ou 30 anos mais cedo.

- O teste do pezinho não dá o diagnóstico dessa condição genética;

- Pessoas com Síndrome de Down não morrem necessariamente cedo;

- A Síndrome de Down não é hereditária.

Fonte: Revista Época – edição nº435, Zildo Borgonovi.
Postado por Fernanda Azevedo Gomes às 11:23.

Se existe um consenso no que diz respeito a irmãos, é que uns ensinam aos outros uma infinidade de coisas. Devido à natureza e à intensidade do relacionamento, os irmãos fornecem informações e oportunidades de ministrar e aprender várias habilidades motoras, sociais e linguísticas. Esse relacionamento, esse moto-contínuo de ensinar e aprender, pode ser naturalmente acentuado ou prejudicado, dependendo de várias circunstâncias familiares. No nosso caso, felizmente, essa troca foi e é muito saudável e harmônica. Lembro-me também do discurso formal que fiz para ele. Foi na festa de seus 15 anos e acho que representou o embrião de um de meus sonhos: divulgar nossa história por meio de um livro. De forma resumida, expressei os momentos que tínhamos vividos no decorrer de 15 anos de paixão.

Ser humano verdadeiramente humano

São exatamente 15 para as 8 do dia 1º-9-2005, e estou sentado dentro de um avião, no aeroporto de Congonhas em SP (folheando a revista TAM, edição setembro de 2005, cuja capa conta a história da Família Camargo). O comandante acaba de avisar que devido às condições climáticas teremos que aguardar 30 minutos para decolar, rumo ao aeroporto de Confins em BH.

Diante do atraso e da qualidade número um de meu lindo irmão (a paciência), e inspirado na matéria da revista, resolvi contar um pouco sobre minha história com meu querido irmão Eduardo, além, é claro, de fazer uma homenagem na comemoração de seus quinze anos.

Vamos lá então...

Antes de mais nada, gostaria de dizer que minha história com o Dudu começou antes mesmo de seu nascimento, quando minha linda mãe, aniversariante do dia, estava grávida. Acho que alguns de vocês irão se lembrar...

Não me recordo da data. Lembro apenas que estava ocorrendo uma reunião de família na casa de meu tio Márcio, quando me deparei pela primeira vez com uma pessoa especial. Sem saber de nada, fiquei acompanhando seus atos (acho que era primo da Eliane).

Após a festa, quando cheguei em casa, acariciando a barriga de minha mãe, lhe perguntei:

Por que aquele menino era daquele jeito? Meio sem resposta, minha mãe desconversou.

Parece que o destino me respondeu alguns anos depois...

Há aproximadamente 15 anos, mais precisamente na manhã do dia 19-9-1990, acordei com uma notícia que me despertou dois sentimentos distintos; o primeiro de alegria, por saber que meu mais novo irmão acabara de nascer; e o segundo de incerteza, pois segundo me informaram (acho que foi o Tio Zezé), ele nasceu com algumas complicações e teria que ficar no hospital mais um tempo.

No auge de meus 11 anos, não fazia ideia de que tipo de complicação era aquela.

Alguns longos dias se passaram e finalmente o já apelidado Dudu chegou em nossa casa na manhã do dia 1º-10-1990 (data essa muito especial para mim, pois realmente pude carregá-lo). Ainda fraco, franzino, mas com um sorriso no rosto que já sinalizava sua imensa vontade de viver.

Nesse período, percebia um clima estranho em minha casa, um misto de culpa, tristeza, alegria, felicidade e medo, sentimentos que rapidamente se consolidaram em uma alegria contagiante, misturando com um clima de aceitação total, percebido no rosto de todos os familiares.

Como já dizia Cazuza (tenho que lembrar de músicas, pois o Du adora músicas), o tempo não para e, consequentemente, os dias foram passando e aquele menino, outrora franzino, foi ganhando corpo e um pouquinho de massa, superando assim seu primeiro desafio: o problema pneumológico com o qual nasceu.

Só que esse príncipe não queria apenas viver com saúde. Queria sim viver, comprovando assim que nada é impossível em nossas vidas.

Andar, falar, ler, escrever, tocar cavaco, manusear o computador (alguns dizem que melhor que EU), foram apenas alguns desafios que meu querido irmão nem tomou conhecimento, fazendo-me pensar que, se existem pedras em nossos caminhos, devemos usá-las como alavanca para superar nossas dificuldades.

Insatisfeito com os desafios superados, o meu melhor amigo Dudu me ensinou a simplicidade de pronunciar palavras tão difíceis de escutar atualmente, como: eu te amo, lindo etc.

Parece que seu simples respirar transmite amor, seu singelo abraço transmite paz e sua simples presença transmite vida. Ele é um misto da leveza de um beija-flor com a complexidade do sol, que aquece nossas vidas.

Neste momento, o avião começou a balançar e acho que perdi um pouco da inspiração. Já era tarde também, né?

Du, neste dia tão especial para todos nós, gostaria de dizer que com certeza hoje tenho mais de 15 mil razões para viver e que você é tudo para mim (pai, mãe, chefe, melhor amigo, conselheiro, mestre e tudo que já falei a você em outras oportunidades).

Você simplesmente faz de minhas dúvidas certezas, de minhas derrotas vitórias, de minhas fraquezas, forças.

Você é o mestre que ensina sem saber, o surdo que escuta sem ouvir, o cego que enxerga sem ver, a pessoa que eu queria ser.

Dudu, você é tudo, mais que tudo, você é você e felizes são aqueles que podem estar aqui para agradecê-lo.

Após a leitura da carta, escolhi a música *Fico assim sem você* adaptada, foi lindo!

Avião sem asa, fogueira sem brasa / Sou eu
assim sem você
Futebol sem bola / Piu-Piu sem Frajola /
Sou eu assim sem você
Por que é que tem que ser assim / Se o meu
desejo não tem fim
Eu te quero a todo instante/ Nem mil alto-
-falantes / vão poder falar por mim
Amor sem beijinho / Leo sem zim branqui-
nho / Sou eu assim sem você
Circo sem palhaço / Namoro sem amasso /
Sou eu assim sem você
Tô louca pra te ver chegar / Tô louca pra te
ter nas mãos /Deitar no teu abraço
Retomar o pedaço / Que falta no meu coração
Eu não existo longe de você /E a solidão é o
meu pior castigo / Eu conto as horas
Pra poder te ver / Mas o relógio tá de mal
comigo, por quê? Por quê? Neném sem
chupeta / Romeu sem Julieta / Sou eu assim
sem você / Carro sem estrada / Queijo sem
goiabada / Sou eu assim sem você
Por que é que tem que ser assim /Se o meu
desejo não tem fim
Eu te quero a todo instante / Nem mil alto-fa-
lantes /vão poder falar por mim
Eu não existo longe de você /E a solidão é o
meu pior castigo / Eu conto as horas
Pra poder te ver / Mas o relógio tá de
mal comigo

Ao finalizar o curso, me conscientizei ainda mais da importância de superarmos nossos preconceitos e me deu mais vontade de voltar para casa e lutar pela minha felicidade plena: estar na cidade em que nasci e dormir sabendo que estou próximo de meu irmão e que poderia ajudá-lo a qualquer instante. Como vinha a Belo Horizonte todo fim de semana nesse período, me toquei de que a minha relação com meus pais estava cada vez mais abalada, muito em função de eu falar o que pensava sobre as necessidades do Dudu que eles, com suas limitações naturais de idade, muitas vezes não podiam realizar. Ressalto que meus pais fizeram e fazem tudo pelos seus quatro filhos. No caso, eu dizia para eles levarem o Dudu a mais atividades e *shows* que ele tanto gosta!

Pesando todos esses fatos, e em busca de meus sonhos imateriais, decidi voltar para Belo Horizonte, para a casa de meus pais, e tentar conciliar minhas necessidades profissionais com as pessoais. No fundo, as despedidas do Eduardo todo domingo me fizeram repensar meus valores e, felizmente, tomei a decisão acertada.

Vendo com outro olhar hoje, penso que isso apenas me fortaleceu como pessoa e solidificou nossa amizade. Foram os três melhores anos de minha vida, quando voltei a conviver diariamente com ele. Quanto aprendizado! Quem dera se todas as pessoas tivessem esse privilégio! Ela exala amor, inspira paixões, fomenta a doçura e destaca a simplicidade dos pequenos gestos. Apreendi mais nesses anos com meu melhor professor do que no mestrado.

A seguir, a dedicatória da dissertação que defendi.

Ao chegar ao fim de mais uma jornada, diversos sentimentos se misturam. O primeiro, o de dever cumprido e da colheita dos frutos de grande esforço e dedicação. O segundo, de que toda caminhada vale a pena, mesmo com as dificuldades e desafios, e o terceiro, de que a jornada em busca do conhecimento nunca se acabará, pois o fim de um trabalho é o início de reflexões sobre a abrangência e infinidade de nossa ignorância.

Tenho certeza de que evoluí de forma mais intensa como ser humano e como acadêmico e que tudo isso contribuirá para que eu possa ser um professor melhor e mais humano, objetivo principal de toda a minha dedicação ao realizar o mestrado.

Aprendi que, mesmo no desenvolvimento de uma tese de autoria formalmente única, na verdade nunca se realiza nada sozinho. Comigo estiveram, durante todo esse tempo, minha família, especialmente meus pais (por fomentarem a importância do estudo), meus avôs (pelo legado como docentes) e meus tios Marco Antônio e Maurício Gomes, que sempre me incentivaram na busca do conhecimento; à Carolina que esteve sempre comigo desde o planejamento desta jornada e que por todo tempo me incentivou e apoiou, mesmo que isso tenha nos privado de vários momentos juntos; aos meus colegas de mestrado e toda equipe de apoio do PPGA, pela troca de informações e aflições, e ao meu amado irmão Eduardo, pela simples presença. Muito obrigado por propiciarem as condições para a realização deste objetivo e por respeitarem meu tempo para a confecção da tarefa.

Por fim, não posso deixar de registrar minha profunda gratidão e admiração ao professor Dr. Roberto Patrus Mundim Pena, orientador e tutor, pela permanente atenção e contribuições teóricas e profissionais sempre pautadas pelo bom senso, pela ética, e cuja postura na área acadêmica é um exemplo de dignidade profissional a ser seguido. Sua constante leitura crítica muito me ajudou a colocar o pensamento em movimento e a entender que fazer uma pesquisa requer muito mais do que um tema e alguns dados. Este agradecimento também vai para o CNPQ, que muito incentivou a realização desta pesquisa.

Assim, espero que o que foi construído e aqui registrado, além de fazer parte da minha evolução pessoal e acadêmica, possa futuramente contribuir para o enriquecimento de novos trabalhos e servir de estímulo para novos autores.

No decorrer de todo esse tempo, toda a família, cada um a sua maneira, ajudou bastante o Du a ser o que é hoje. Seja por meio de uma palavra de incentivo ou de um silêncio contemplativo, tenho certeza de que superamos muitos preconceitos juntos. E que cada um também aprendeu com ele, mais até do que ensinou.

Nos palcos da vida

"Se você sabe explicar o que sente,
não ama, pois o amor foge
de todas as explicações possíveis."
Carlos Drummond de Andrade

Em 2008, meus pais optaram por tirar o Eduardo do Instituto Educacional Despertar e incentivá-lo a estudar mais e aprimorar sua paixão pela música. Em 2009, eles conheceram o Projeto da Companhia Teatral Crepúsculo, sua atual escola. Dócil, como sempre, o Dudu aceitou bem as novas experiências. Ensinando, como sempre, a resignação e o otimismo.

Geralmente, as pessoas desejam prolongar a fase escolar das PCD. Imagina-se que a simples frequência às aulas significa aprendizado e que o caminho mais natural é mantê-las na escola mesmo sem resultados, mesmo percebendo-se que elas não estão felizes.

Sente-se falta, nessa fase, de um programa de profissionalização. Por isso, minha mãe optou por uma nova experiência, o teatro, na Companhia Teatral Crepúsculo. A decisão foi acertada, porém ele ainda tem que preencher algumas lacunas que serão importantes na sua caminhada, tais como aprender mais sobre pontuação, a lidar com dinheiro, a mais independência para se locomover. Não sabemos se apenas o teatro será suficiente.

Dudu adora a Companhia Teatral Crepúsculo. Lá conheceu sua atual namorada, Mariana, e com a ajuda de todos, principalmente da diretora Luciana e do professor Clóvis, está desenvolvendo ainda mais seu talento artístico. Ele leva muito a sério o teatro e, em meados de 2010, estreou em uma peça sensacional chamada *Além do arco-íris*. Que sensibilidade dos atores e diretores! Uma coisa digna de aplausos em pé. A peça rodou algumas escolas e, hoje, os alunos estão se organizando para um novo espetáculo.

Uma passagem marcante para ele aconteceu quando, no final de 2010, foi um dos poucos escolhidos para permanecer no grupo de teatro profissional. Deu gosto de ver sua alegria, recompensa de seu esforço, força de vontade e crença na sua própria capacidade. Ele troca muitas cartas com o professor Clóvis, um de seus grandes incentivadores.

Artista inquieto

Escrever sobre o Dudu é sempre um prazer. Desde 2008 fazemos teatro na Associação Crepúsculo. O Dudu é um artista inquieto, sempre trazendo ideias e provocações para nossos encontros. Ele trouxe a música para o espetáculo Atrás do arco-íris e com suas delicadas sonoridades tornou e torna esse trabalho um grande momento de alegria e sucesso para todo o grupo.

Sempre trocamos cartas na cia. teatral e tenho várias relíquias desse dedicado e sensível artista, que sempre me chama de Profeta, e afirma que tenho um lugar especial em seu coração. Mas sou eu o maior privilegiado por conviver com um jovem tão talentoso, sério e disciplinado.

Transcrevo então duas "cartas-poemas" que enviei ao Dudu no ano passado. Elas merecem ser registradas neste livro, como minha homenagem e gratidão.

**Depoimento do professor de teatro
Clóvis Domingos dos Santos,
Belo Horizonte, 1º de março de 2010.**

Caríssimo Eduardo,

*O som do Zumberê
Com seu samba de roda faz meu corpo tremer
e minha alma se acorda.*

E agora no teatro Sapo Sapeca Cantor!
É o Dudu do Cavaco
Em todo seu esplendor!...
Dó, ré, mi, fá, sol, lá, si...
Como é mesmo a canção da Lili?

Belo Horizonte, 5 de maio de 2010.

Dudu do Cavaquinho:
O homem Som
Ruídos
Canções
Que fazem
Taramtacabum
Em nossos corações...

Homem Banda Musical
Ator e músico Papel
Especial Nas aventuras da Lili!
Vai experimentando
Deliciosas sonoridades
Que essa história de mentira
Parece que é de verdade!
Taramtacabumdulacabúúú!!!
Palmas! Muitas palmas para o Dudu!

Mano Down – Relatos de um irmão apaixonado

B. Horizonte, 24/10/10.

Querido Gugu,

Como é bom receber tuas cartas! Cartas tão carinhosas e repletas de amor e bondade. Obrigado de verdade!

Saiba que gosto muito de você e admiro o teu talento e profissionalismo. Você brilha muito na nossa peça de teatro.

Parabéns!
Continue sempre assim!!!

Grande abraço

Segunda-feira

S	O	O	S	S	D
M	T	W	T	F	S	S

Agosto 02/08/2010

Para
Anjinho
Mariana

Dudu, do que mais quero namorar com você e estou abrindo todo o sentimento que sinto por você, foi legal o nosso primeiro encontro.

E gostei muito de te ver o passeio no shopping Oi foi muito divertido e apresentei a casa da vó da Mariana e também gostei de ver o filme American Pie.

E agradeço conhecer a sua casa, do que mais gostei foi das fotos da Isabela e das suas também, e achei maravilhoso.

A sua casa é muito linda e arrumada, e gostei do seu quarto e foi legal ver o vídeo da Companhia De Dança do you Tube, e gostei de ver você tocando a corequinho.

E também gostei de ver o filme do Eclips do Jacob e Bela dando primeiro beijo, e gostei e coloca a música de forró e dançamos; e um dia quem sabe aprendo a dançar o samba de letra.

E obrigada por conhecer o resto da sua casa e do jardim de cima, e gostei da piscina; e entrei no quartinho do pai, e entrei no outro quartinho que tem três fotos penduradas na parede.

E conheci a sauna, e depois subimos; e entramos para dentro de casa, e trouxe a carta o cd e também a carta romântica.

E queria fazer a declaração de Amor, e também ajudei ler junto; e achei muito lindo; e também tomamos um lanche.

E está muito bom, gostei mesmo; do que gostei ter a pessoa muito carinhosa, humilde, alegre, respeitosa e muita confiança.

Que essa amizade é muito companheirismo, ter um amigo; ser companheiro é sair junto; e conversar, e trocar as idéias.

Tomar o sorvete e sentar no banco da praça, ir ao cinema e ver o filme; e também ir ao parque Del Rey, é isso que amigo faz.

Queria dizer dentro do coração que sente tudo amor por você, do que mais quero aproximar e falar coisas tão lindas: que esse momento é de muita alegria e de felicidade, ser feliz é tudo de bom.

É muito bom ter um amigo, para falar qualquer coisa: amigo é, ter paixão e vários sentimentos.

Essas coisas que estou falando, que aprendemos juntas: foi mexer no computador, e samba da letra e outras coisas também.

De
        Seu
                Anginho

Mariama

Preconceitos

> "Se Deus criou as pessoas para amar, e
> as coisas para cuidar, por que amamos as
> coisas e usamos as pessoas?"
> **Bob Marley**

Claro que existe preconceito. Quantas vezes ele já nos perguntou por que as pessoas olham para ele. As crianças são o exemplo de aceitação. A pergunta é: por que quando crescemos perdemos essa qualidade? Curiosas por natureza, as crianças, com sua espontaneidade e aquele olhar de explorar o mundo ao seu redor, algumas vezes olham para o Dudu e tentam descobrir por que o ritmo dele é mais lento. Mas todas aceitam bem. Livres dos preconceitos e medos ainda não solidificados, não demonstram rejeição.

Já os adultos, esses ainda têm muito o que aprender. Muitos evitam tocar as PCD como se tivessem medo de pegar alguma doença. Como diz a escritora Cecília Dias, existe uma forte relação entre a aceitação de uma pessoa com deficiência e a aceitação da vida. Felizes os que percebem que as adversidades fortalecem e engrandecem o ser humano em vez de derrotá-lo. Que quando a vida não se encaixa no manual da felicidade, não significa que não haja mais saída. Apenas um caminho novo, com obstáculos a ser vencidos com calma e criatividade.

O Du aceita a vida como ela é de peito aberto, sem medo de ser o que é e principalmente viver o que nos foi dado. Acho que, no fundo, ele sabe que é especial e muitas vezes nos pergunta sobre suas diferenças. Teve uma passagem com seu amigo Diego que foi bem interessante, conforme ele narrou:

Dudu me chamou em frente a um espelho e, enquanto olhávamos nossas imagens refletidas, fazia uma série de perguntas:

— Diegão, por que minha orelha é pequena e a sua não? Por que o meu olho é assim? Por que a minha mão é menor? Por que você tem barba?

Continuamos nos olhando no espelho, mas aí foi a minha vez de perguntar:

— Du, por que o seu olho é azul e o meu não? Por que você tem muito cabelo e eu não?

Dudu sorriu e disse:

— Ah, Diegão! Compreendeu que simplesmente somos diferentes...

Muitas vezes, ele se pega indagando sobre suas diferenças, eu muitas vezes não sei o que responder, pois sempre o vejo como Du, um ser humano, com suas dificuldades e habilidades, como eu tenho as minhas.

Muitas vezes, flagrei a vizinha que o olha como se ele tivesse uma doença contagiosa, o médico que diz que não adianta fazer nada, pois as PCD morrem cedo, a babá reticente e parcimoniosa nos carinhos por se tratar de uma criança com Down. Algumas vezes, fingi que não ouvi os comentários de pena que muitas pessoas fizeram a seu respeito. O que fazer diante disso tudo? Brigar? Apelar? Penso que o caminho é e sempre será o diálogo, a educação e a informação. Fazemos parte de uma sociedade desinformada e incapaz de se relacionar com as PCD com dignidade, respeito e amor. Não há culpados, pois muitas vezes nós mesmos, da família, temos vergonha e escondemos os problemas, impedindo que a comunidade em que vivemos aprenda a vê-las com outro olhar, somente sem máscaras. A única certeza que tenho é que ele é autêntico e puro, qualidades difíceis de se encontrar.

Como bem disse a psicóloga Elizabeth Tunes, de um modo geral, a sociedade não está preparada para aceitar as diferenças. As regras sociais, geralmente repassadas sem questionamentos, traçam um perfil do ser humano normal e a expectativa é de que todos devem ajustar-se a eles. Aqueles que escapam de algum modo veem-se como alvo de preconceitos e discriminações. As revistas de moda, a televisão, os veículos de comunicação ditam um padrão de beleza, um modelo estético, que não é o mais comum na população e, por isso, não poderia ser tratado como normal. Todavia, fazem-no de tal maneira, e com tal insistência, que acabam por oficializá-lo como modelo estético normal, ainda que não represente a maioria. Nós, mesmo sem perceber, o adotamos como ideal de perfeição e passamos a dirigir esforços no sentido de atingi-lo, procurando ser o que não somos e tentando construir uma aparência diferente da que temos. Nem sempre conseguimos. E quantos não são infelizes por isso?!

Nas cordas do cavaquinho

"O erro que cometemos é quando procuramos ser amados em vez de amar."
John Dryden, poeta e dramaturgo inglês.

A carreira artística do Eduardo começou precocemente. Desde bebê, ele já participava das rodas de samba da família e tomou gosto pela música. Aos seis anos, foi modelo, sempre com um pandeiro na mão, em um desfile de moda em um *shopping* na região sul de Belo Horizonte. Ali percebi que o garotinho levava jeito.

Muito estimulado por seus primos, principalmente o Igor, e seus tios, principalmente o Maurício, Eduardo foi sendo despertado pela música.

Todas as pessoas da família sempre o trataram como as demais crianças, com respeito e estímulo. Todos, e especialmente meus pais, sempre lhe passavam confiança e vibravam com a superação de cada desafio. A música foi uma ferramenta de desenvolvimento. Foi e é sua grande companheira. A primeira superação do Dudu foi tocar pandeiro. Depois veio o cavaquinho, seu instrumento preferido atualmente. A partir dos 12 anos, sempre que podia, participava de rodas de samba com os primos e tios em Piúma, no Espírito Santo. Tocou com diversos grupos: *Nada Vê*, *Elite do Samba*, *Chopp com Água*, entre outros.

Durante toda a vida, nosso querido Dudu continuava a frequentar diversos ambientes e aniversários da família. Mas sempre sentimos falta de amigos para ele, pois os primos, à medida em que iam crescendo, construíam seus caminhos individuais e ele perdia suas companhias.

Ainda lutamos para que Dudu tenha amigos fixos e, na companhia teatral onde faz teatro atualmente, ele vem desenvolvendo novas amizades.

Além do Igor, que inseriu o Dudu da melhor forma possível no meio musical e sempre o tratou com todo carinho, outros primos contribuíram muito para o seu desenvolvimento e aceitação. Fefes e Handel sempre o respeitaram e interagiram com ele de forma harmônica e humana. Breno tem um enorme carinho e amor por ele, assim como Rafael. Larissa e Érika dispensam comentários. São mais do que irmãs para ele. Carolina e todos os demais primos, cada um à sua maneira, também colaboraram para enriquecer suas habilidades musicais. Seu irmão Marcelo e sua esposa Evelyn também fizeram parte dos grandes incentivadores do Dudu.

Do lado familiar materno, seus ídolos são Tulião e Thomaz, meu rei, que convivem com ele de igual para igual e fazem os encontros serem felizes e produtivos. Além do Bruno e Bernardo, que conviveram bastante com ele na infância, sempre com muita consideração.

Outra prima que o admira bastante é a Aninha, filha da Tânia, irmã de minha mãe, uma passagem marcante foi quando ela passou por uma cirurgia e levou uma foto dele para lhe dar força. Vale citar os primos Ivinho, Kiko e Juliana, que sempre o incentivaram e propiciaram momentos especiais. A geração mais nova, Priscila, Júlia, Mateus, Mariana, para citar apenas alguns, também sempre esteve presente em todos os momentos e, sem preconceito, o ajuda bastante.

Com primos e banda.

Superespecial

Falar do meu primo Dudu é como falar de um amigo. Mais que isso, falar de um irmão, pois ele é uma pessoa realmente superespecial, pelo seu jeito carinhoso de lidar com as pessoas, sempre de bem com a vida, vida essa levada sem maldades e sem segundas intenções. É impressionante sua concentração, seu jeito de observar as coisas, seu dom musical, sua criatividade, seu entusiasmo, seu jeito de tratar todos a sua volta. É impossível ficar perto dele sem ficar alegre, pois sua alegria sincera é contagiante. Com certeza, um dos maiores orgulhos da minha vida é ser primo dele. Te amo, Dudu! Grande abraço, Rafael (Puga).

Depoimento de Rafael.

Sem palavras

Quando o Léo trouxe a ideia do livro, parei para significar tudo que o Dudu representou para mim. Fiquei sem palavras. É difícil dizer o quanto uma pessoa representa em nossa vida, principalmente uma pessoa especial que parece ter sido colocada na família para ensinar um monte de coisas. Escrever sobre o Du não é fácil. Fácil é conviver com ele.

Dudu chegou à minha vida para ocupar lugares que pensei que ficariam vagos... Sou filha caçula, ou fui até os meus 11 anos de idade, quando ele nasceu. Não é simplesmente um primo, veio como um irmão mesmo, que compartilhou de tudo em nossa vida. Trouxe mais afeto, mais cumplicidade. Ensinou a olhar a vida com outros olhos, a superar limites. Aprendi que diferenças existem e que não necessariamente há um melhor ou pior. Hoje valorizo mais a espontaneidade, questiono o que chamamos de normalidade.

Dudu é de fato especial. Se já não bastasse ser primo-irmão, sempre é convidado a ficar mais próximo. Penso que é uma forma de mantê-lo perto, de aproveitar o que há de melhor em sua essência. É também meu padrinho de consagração de batismo e de casamento. Participa de tudo em minha vida, torce, sente angústia! Enfim, Duzinho, eu tenho tanto pra lhe falar, mas com palavras, não sei dizer, como é grande o meu amor por você!

Depoimento de sua prima e amiga Larissa.

Aprendendo a tocar instrumentos em família.

Estudando música.

Em uma festinha.

Este cara

Dudu,

Difícil falar sobre esse cara sem se emocionar.

Calma, paciência, carinho, sentimento, tranquilidade são apenas alguns adjetivos que aprendemos com ele.

Inocência em pessoa, isento de maldades.

Fazer o que quer, sem preocupações, sem desagradar ninguém, move seu dia a dia.

Conquista a todos, integra pessoas e alegra qualquer ambiente.

A vida muda com ele, é sem graça sem ele.

Todos os dias, aprendemos coisas novas com ele.

Ter não tem importância, o que importa é a atenção, o carinho.

Pobre, rico, todos são iguais.

Preferências podem existir, sempre sem magoar ninguém.

Agrada a todos, não fala mal das pessoas.

Fala muito das coisas e pouco dos outros.

Amigo, companheiro fiel.

Dudu é tudo, é alegria!

Dudu é vida.

Conheci esse cara quando tinha 16 anos, em plena adolescência, e a simples notícia do nascimento de um irmão com Síndrome de Down causaria um grande choque.

Como vai ser a vida com esse ser desconhecido, supostamente problemático, frágil, dependente?

O tempo nos dá a resposta.

É apenas um ser especial, que nos dá somente alegria, integração, carinho. Dudu é inesquecível, é querido!

Amo você.

Depoimento de Marcelo "Seu Tei".

Do fundo do coração

O Dudu é uma pessoa mais do que especial. Ele tem qualidades difíceis de se encontrar em qualquer ser humano. A alegria que ele irradia, o carinho e o amor que ele consegue demonstrar de maneiras que nós nunca lembramos de fazer, sempre escrevendo cartas carinhosas, mandando mensagens toda semana, já deixam claro que ele tem uma doçura muito singular, de uma pessoa que só poderia ser mesmo diferente.

Não é qualquer um que consegue ser sincero sem magoar, falar a verdade sem machucar, usando sempre um jeitinho meigo e engraçado. Mas o Dudu consegue, talvez porque a gente saiba que tudo o que ele diz vem sempre do fundo do coração, ou seja, é o que ele realmente sente!

Ter Síndrome de Down é apenas um pequeno obstáculo que ele superou sem o menor esforço, porque além de ser muito inteligente, ele tem habilidades que poucas pessoas têm, como ter aprendido a tocar o pandeiro sozinho, tocar o cavaquinho muito bem e até ensinar a fazer coisas no computador que os mais leigos, como eu, não conseguem fazer.

Poder fazer parte da vida de alguém tão especial quanto o Dudu é um privilégio, só nos faz aprender e crescer com ele a cada dia, pois ele esbanja amor, transmite alegria, é carismático, muito educado e expressa seus sentimentos de maneira muito verdadeira e doce. Enfim, não tem como não o amar e não admirar suas qualidades.

Acho que ele é como um anjo que veio para ensinar e trazer um novo significado para a vida de toda a sua família e todos aqueles que têm o privilégio de conviver e o prazer de desfrutar da sua companhia. E eu me sinto abençoada de poder fazer parte, nem que seja um pouquinho, da vida desse grande ser humano que é o Dudu.

Depoimento de Evelyn.

Vale destacar também que o Du teve pouco contato com seus avós, tanto os paternos quanto os maternos, uma vez que os quatro faleceram antes de ele completar oito anos. Com certeza, o carinho deles foi de grande importância para o desenvolvimento do Du.

Ressalto aqui também todo carinho de minha esposa, Carolina, e de toda sua família (especialmente meu sogro Toninho, vide depoimento) para com o Du. Realmente é uma troca de carinhos linda entre os dois e hoje ele já a considera uma irmã. Ela está sempre presente em todos os acontecimentos da vida dele e conquistou um lugar especial no coração dele. Carol, este é mais um motivo de admirar e amar você profundamente. Você também não tem preconceito, apenas amor, e com certeza o Du reconhece isso. Te amo.

Meu Zinho Branquim

Sempre brincamos, eu e meu marido, que "peguei o boi" de namorá-lo, pois peguei um e levei dois, nosso Zim Branquim. É a pura verdade; nestes oito anos de história, o Eduardo foi e é presença constante, tornando cada dia mais feliz e nosso namoro mais leve e gostoso. Na época de namoro, vi que o Leonardo tinha um imenso amor por aquele lindo menino especial e isso me deixava mais admirada. Um lindo amor que fazia meu coração encher de lágrimas de felicidade. Um amor que me encantava.

Posso dizer que o considero como um filho, pensando no seu bem-estar, querendo muito seu bem! Por isso não poderíamos ter escolhido nome mais lindo e emocionante para nossa filha, Eduarda. Um nome com muito significado para nós. Além de ser uma homenagem para nosso querido Du, que ficou todo satisfeito.

Vejo o Du como um talismã para sua grande família, integrando todos os familiares. Na minha casa, ele é sensação também. Se o Du fosse para algum evento ou festa, ou apenas em minha casa para almoçar (que ele adora), era a felicidade que entrava em minha porta, o amor e a inocência também chegavam juntos em seu olhar. Acredito que, mais do que fazemos bem a ele, é ele que nos faz muito bem.

Antes de conhecer o especial e querido Du, nunca havia tido contato com um SD, e quando o conheci foi só alegria, bem-estar e admiração. Não enxergo o Du como uma pessoa diferente, enxergo o Du como uma pessoa carismática, ótima de conversa, muito sentimental, romântico, carinhoso e persistente em tudo que quer. Ele realmente é diferente das outras pessoas, pois nele não existe inveja, raiva, desamor e outros sentimentos negativos, comuns em nós, comuns mortais; pelo contrário, é só coisa boa, por isso é um ser humano realmente especial. Percebo que pessoas com SD *são assim, mais carinhosos, e me pergunto: será que esse cromossomo 21 a mais é de bondade e amor? Realmente acredito que sim.*

Quero agradecer à família do Du e a ele por me proporcionar essa vivência com ele. É muito aprendizado. Gosto e amo muito o Du. Obrigada por tudo!

Bjo, Carol

Depoimento de Carol.

Bom papo

Léo,

Em primeiro lugar, me sinto muito honrado e feliz ao ser indicado para fazer algum tipo de depoimento ou relato do nosso querido Du. Sinceramente, não sei como começar, mas é preciso fazê-lo.

Falar sobre o Du é sempre muito bom, porque trata-se de uma pessoa muito especial. Especial não só porque me trata com muito carinho, mas pelas suas qualidades de ser humano e inteligência. Já assisti a muitos vídeos e relatos de pessoas que se superam diante de algum trauma na vida, o que também é muito importante e digno de elogios e aplausos, mas o Du é um cara especial.

Ele se relaciona com todas as pessoas de seu círculo de amizade com muita tranquilidade, alegria e franqueza. Você pode ver que muitas pessoas com outras qualidades não rolam muito bem essa bola. A sua capacidade de relacionamento é uma das suas características que me impressionam muito.

O Du está sempre alegre e disposto a um bom papo. Músico por natureza, é um especialista no cavaquinho, que tem encantado muita gente, inclusive a nossa ex-candidata à Presidência da República, Marina Silva.

Ele realmente é um artista muito exigente com a qualidade do som. Gosta de se concentrar bem nesses momentos, como um bom artista, para fazer suas belas apresentações, inclusive tocando o cavaquinho de costas, habilidade raramente vista.

Outro aspecto muito interessante é o relacionamento que ele tem com você, Léo. Vocês se amam de verdade e é muito bonito assistir a tudo isso de perto, um amor verdadeiro e gostoso de se ver.

Esse menino é também namorador e sempre chega contando suas andanças, sempre feliz quando a coisa vai bem. Mas quando alguma coisa não vai bem com a namorada, ele fica meio bravo e de pouca conversa.

É também muito interessante a forma descontraída que ele trata "o velho" (forma carinhosa de chamar seu pai) e a Marina (sua mãe). Não tem essa de Papai e Mamãe ou Pai e Mãe. Mas tudo de uma forma carinhosa.

Enfim, o Du sempre nos traz muitas alegrias e felicidades com suas brincadeiras, e sua presença proporciona um ar de serenidade e paz.

Um grande abraço ao amigo Du.

Toninho, ou melhor, "Toquinho".

Depoimento de Toquinho.

Não podemos deixar de citar o músico Hudson Brasil, seu professor de cavaco já há seis anos. Com muito profissionalismo, dedicação e amor, ele não acreditou no que todos diziam ser impossível e, com um método novo, conseguiu transformar as notas musicais em números, facilitando assim a aprendizagem do Eduardo. A sensibilidade dos músicos realmente é linda. Em conversas com ele, aprendi que a música é o maior instrumento para superar os preconceitos. Em um evento musical, não existem diferenças, mas, sim, harmonia.

Dudu do Cavaco

O Dudu é uma daquelas pessoas que provocam um arrebatamento em você.

Não há como ficar indiferente ao lado dele.

Sempre com uma opinião prontinha na ponta da língua. A não ser quando resolve não falar sobre determinado assunto, ou decide não tocar determinada música. Mas, mesmo assim, demonstra sua forte e positiva personalidade.

O Dudu é um daqueles privilegiados que recebeu de Deus o dom da música, com extrema generosidade. O Dudu e a música se organizam de maneira una e inseparável. O Eduardo, ou melhor, Dudu do Cavaco, é sem dúvida alguma um de meus alunos mais dedicados e comprometidos com a qualidade do que faz e, diga-se de passagem, o faz muitíssimo bem. Sempre com um sorriso nos lábios, ele nos acolhe e torna nosso dia melhor. Obrigado, Dudu, pelo grande prazer de tê-lo como amigo. Um forte abraço de seu professor,

Depoimento de Hudson Brasil.

O mágico encontro musical

Quis o destino que, em 2003, ele encontrasse amigos que, com muita sensibilidade, aceitaram a inclusão dele num grupo que se chama Zumberê. Acho que só os músicos possuem tamanha sincronia e sensibilidade. Recordo muito bem quando, numa sexta-feira, meu pai estava no Shopping Falls, complexo de lojas e bares perto de nossa casa, conversando com o Wilson Scalioni, mais conhecido como Cascudo. Como ele era músico do Zumberê, começaram a falar de música. O mestre Cascudo foi quem deu a primeira oportunidade para ele ser inserido verdadeiramente em um grupo musical. Parece que foi o encontro do rio com o mar. Que energia linda surgiu desse encontro! Nesse dia, o tímido e acanhado Dudu, sem pedir licença, entrou na Choperia Nicácio, convidado pelo Cascudo, e conheceu alguns de seus ídolos musicais – e hoje, posso dizer, amigos: Betinho e Téo Scalioni, Felipe Bastos, Liu Ladeira e Paco Fazito, que o receberam de forma notável.

Quis o destino que, a partir desse encontro, eu também ganhasse mais seis amigos. Cada um a seu modo, com seu estilo particular, contribuiu e muito para mostrar que o preconceito está conosco. Quantas pessoas já refletiram sobre o assunto ao assistir a um *show* do Zumberê, sem dúvida, uma aula magna de inclusão.

Grupo seleto

Sempre admirei o Dudu. Pelo jeito simples, moleque e carinhoso que ele tem! Eu me impressiono com as coisas que ele faz com perfeição. As conversas que temos! A forma como ele lida com redes de relacionamento, a paixão pela música, amigos e família! Dudu é incapaz de ser mal-educado, grosseiro... É um garoto alegre, cheio de energia e com um coração enorme! Conheço pouco da síndrome, mas sei que o Down geralmente é carinhoso, tem uma idade biológica diferente de seus comportamentos e tem uma sexualidade aguçada. Que o desenvolvimento dele depende muito da família, recursos e da inclusão social. É aí que me apaixono pelo Dudu! Não só por tudo que ele é... pelos dons musicais, o cavaquinho e pandeiro, mas pelo que ele me ensina! O Du é um exemplo de amizade, respeito, amor! A forma que vejo os amigos do Zumberê permitirem que ele faça parte do grupo, participando de shows sem discriminação, deixando que ele se expresse e viva o sonho de ser músico, me emociona. Ver a sua torcida e incentivo é no mínimo uma demonstração de amor incondicional. Fico feliz de ver você e seus amigos vibrando quando o Dudu canta! Tenho lembranças deliciosas e gravadas de duas músicas que o Du canta. Nos dois vídeos, escuto: "Léo, filma, Léo...", "Léo, olha o Du..." E você vibra! Sempre que encontro o Du, ele está com você, são festas, churrascos, aniversários, bares... e o Du sempre te acompanha! Você ensina a ele como se comportar, como deve ser e ele com um respeito e confiança enorme te obedece! O Dudu sobressai de outras crianças com o mesmo grau de síndrome do que ele. E pode ficar feliz: esse mérito é seu! O carinho, a paciência com que você lida com ele, tenho certeza, não emocionaram somente a mim, mas todos que estão em volta de vocês! O Dudu aproxima as pessoas, nos mostra que as coisas simples da vida têm muita importância. Que viver com alegria é maravilhoso. Que ter amigos de verdade e uma família querida é nossa maior conquista. Fazer parte deste grupo seleto, ter a oportunidade de conviver com vocês, é um grande presente. Obrigada por me deixar fazer parte desses momentos que são pra mim inesquecíveis!!! Beijo grande.

**Depoimento de Carol Fróes,
amiga e tiete.**

Se todos fossem no mundo iguais a vocês...

O mundo seria mais musical, mais mágico e mais amoroso. A vida seria mais colorida e os dias muito mais alegres. Tudo seria mais sonho e a realidade seria infinitamente mais divertida! Os abraços e sorrisos seriam mais sinceros e, por isso, as amizades eternas!

As pessoas seriam mais verdadeiras... E você seria do mesmo jeito: simplesmente surpreendente, emocionante e um grande exemplo de vida!

Te amo e admiro sempre!

Bjos no coração,

Depoimento de Raphaela.

Após esse encontro, resultado de uma conversa despretensiosa entre meu pai e Cascudo, nasceu uma nova família, a família Zumberê, e o despertar de um novo talento. São incontáveis os momentos que o grupo proporcionou a todos que já tiveram o privilégio de assistir ao *show* desse iluminado Zumberê, que os mais chegados apelidaram de "fenômeno".

A confiança que os integrantes do Zumberê transmitiram aos meus pais, por palavras e atitudes, fazem deles, hoje, praticamente irmãos do Dudu. Muitas vezes o pegam e o deixam em casa sem nenhum problema, e os depoimentos deles para este livro me fizeram ter a certeza de que eles também aprendem muito com o Eduardo. Desde então, são anos de uma amizade linda e inúmeros eventos e momentos que marcaram minha vida.

Se eu pudesse escolher uma trilha sonora para a minha vida, seria o CD do Zumberê. Um dos grandes momentos do grupo foi o lançamento desse CD, que teve uma linda participação do Dudu, tanto na parte musical quanto na confecção da capa. Quanta humildade desses seis garotos! Concederam uma das maiores emoções da vida do Eduardo, ao permitir a participação dele na gravação e, além disso, o convidaram para desenhar a capa. Incentivo maior não existe.

A partir dessa inclusão no Grupo Zumberê, frutificou ainda mais o talento musical do Dudu, que é um estudioso de música. Pelo que percebo, ele passa, no mínimo, quatro horas diárias escutando músicas, e tem uma facilidade imensa para gravar as letras. Acho que a música e o Dudu nasceram um para o outro, tal qual ele para mim.

Ah, quantas lembranças! Quantos *shows* do Zumberê! Quantas participações! Quantos eventos! Quantas casas de *show* frequentamos, Chalezinho, Bar Ideal, Al Capone, Andys Pub, além de inúmeras festas particulares. Apenas para citar alguns, o grupo já tocou com Martinália (foto), Monobloco, Neguinho da Beija-Flor e Beth Carvalho.

Samba com Zumberê.

Peito aberto

Zumberê, a vida passa, os momentos ficam, as alegrias se eternizam.

A alegria que vocês proporcionaram para o Dudu, ontem, será um dos momentos que ficarão gravados em nossos corações. Sendo assim, gostaria de lhes agradecer pelo apoio, compreensão e, principalmente, pelo carinho demonstrados pelo Dudu.

São em momentos como esses que percebemos a grandeza e capacidade dos seres humanos, pois viver é fácil, difícil é viver de peito aberto, curtindo os momentos e direcionando o futuro.

Pensar no próximo é compreender que somos maiores do que tudo que nos cerca.

O que seria se tivéssemos todo o dinheiro do mundo e fôssemos bem-sucedidos sem amigos para compartilhar a vida juntos.

Betinho, Cascudo, Paco, Felipe, Dudu, Teo e 17, e todos aqueles que compareceram, se alguém lhes perguntar se vale a pena viver, respondam, simplesmente sim, pois a simplicidade com que lidam com as pessoas, e nesse caso específico, com o Dudu, já faz de vocês vencedores.

Já disseram que a música é a arte de manifestar nossa criatividade, de expressar nossa maneira de ver o mundo, e vocês fazem de forma simples, despretensiosa, diria até "malandramente".

Espero que sonhem alto, alcancem voos mais elevados, enfrentem desafios ainda maiores, mas nunca percam a humildade, o carisma e, principalmente, a capacidade de iluminar e alegrar a vida das pessoas que se deparam com suas músicas.

Momentos difíceis com certeza ocorrerão, mas lembrem-se sempre que não estarão sozinhos nesta caminhada. Saibam que podem olhar para o passado e perceber que possuem inúmeros amigos que estarão ali para lhes apoiar, e nós seremos um deles.

Enfim, o que os faz grandes é o "desinteresse" com que lidam com o Dudu e com as demais pessoas que lhes cercam, saibam que quando fazemos as coisas com amor, sem querer nada em troca, fazemo-nos grandes, humanos e mais próximos de Deus.

Se nos faltam palavras, sobram carinho e gratidão.

Beijo no coração de vocês.

Obrigado,

Léo, Du e Família.

Essencial, especial, excepcional

Gostar de samba todo mundo pode. Agora, tocar... é outra história. Conheci o Dudu Gontijo em meados de 2003, quando fazíamos um som na Chopperia Nicácio, no Falls Shopping. Apesar de muita vodka com energético ao longo de tantos anos tocando na noite, ainda tenho perfeitamente na cabeça a cena daquele menino tímido observando discretamente a nossa passagem de som. Com um pandeiro na mão, ele chegava de mansinho e arriscava as primeiras batidas. Naquela época, o menino prodígio com 12 anos já mostrava que tinha o dom musical nas veias (mais tarde, iríamos descobrir que puxou do Tio Maurício). E, assim, o Du foi ganhando espaço no Zumberê. Na sua festa de 15 anos, fantasiado de Homem Aranha, tomando uma Fanta atrás da outra, e me explicando o que é "Le Parkour", ele já tinha aperfeiçoado os dotes musicais e arriscava os primeiros acordes no cavaco. Mais esperto e atento do que muito marmanjo às novas tecnologias, lembro-me do Dudu relatando via MSN e Orkut as suas aventuras amorosas e suas idas e vindas com a Thaís. Ansioso como eu, planejávamos on-line o repertório para a saudosa e famosa sexta do samba no Andys Pub. E foi nessa época que gravamos o CD Zumberê Live at Andys, até hoje considerado o maior sucesso da MPB do século XXI (pelo menos por nós). Assim como um bom time de futebol começa sempre por um bom goleiro, um bom CD deve começar com uma bela capa. Preocupados em como iríamos produzir uma capa com a nossa cara, cogitamos dar essa missão a um designer gráfico ou a um desenhista. Foi aí que com um telefonema passamos a bola para o nosso mascote: "Du, você vai fazer a capa do CD. De noite passamos na sua casa e pegamos contigo, ok?". Ao depararmos com o desenho sugerido por ele, não tivemos dúvida de que era exatamente aquilo que queríamos. Nem Washington Olivetto e Mauricio de Sousa juntos iriam fazer algo tão bom. Depois disso, várias apresentações bacanas aconteceram: Chalezinho, Bar Ideal, Al Capone etc. Teve também shows onde nomes como Monobloco e Beth Carvalho fizeram a abertura para o Zumberê. E o nosso Du sempre conosco, agitando e emocionando as garotas com seus solos afinados. Todo instrumentista sabe: tocar sozinho já é prazeroso. Ao lado do Dudu Gontijo, então, é sensacional! Quem não gosta de ser reverenciado e de ter um amigo que sempre te joga pra cima? Pois é. Pergunte ao Du quem é o melhor cavaquinhista do mundo e você irá entender do que estou falando. Eduardo Gontijo Gomes:

essencial para o Zumberê, especial para todos que o conhecem, excepcional cavaquinhista. Como é grande o meu amor por você.

Depoimento de Betinho.

Aprendendo a dizer te amo

Depois que conheci o Dudu, entendi o verdadeiro sentido quando falam que se trata de uma pessoa especial. Confesso que desde quando ficamos amigos, há quase cinco anos, o que mais me chamou a atenção foi sua facilidade em dizer "eu te amo". Após perceber isso, fiz várias reflexões e comecei a questionar o porquê, mesmo tendo esse sentimento por muitas pessoas que nos cercam, temos dificuldade em dizer essas doces e tão agradáveis palavras. Pensei há quanto tempo não falo isso aos meus pais. Talvez porque saibam e não precisam dessa afirmação — mas, por outro lado, não custa nada também dizer, né? Mas, voltando ao Dudu, sua simplicidade e honestidade também me impressionaram. Questionado sobre alguma coisa, por mais óbvia que seja, se ele não sabe, fala "não sei". Bem diferente da maioria das pessoas, que parece ter vergonha de não saber algo. Além do palco, onde com muita arte ele parece entrar em transe de tanta alegria, um outro momento em que me divirto bastante é quando o deixo em casa. Conversamos sobre vários assuntos e, na maioria das vezes, ele me aconselha em diferentes questões. Essa volta para casa também é nosso momento musical. Ele me "aplica" no que há mais de novo nas rádios belo-horizontinas, me apresenta o seu gosto eclético, indo do pagode ao axé, passando pelo funk e sertanejo. Impressionante, cada dia uma novidade. É o momento em que viro cantor e solto a minha voz, para o delírio dele. Não sei se me acha desafinado ou ri das caras e bocas que faço, só sei que sempre cai *na gargalhada. Um episódio que também não esqueço foi o dia em que ele me apresentou os nomes de funkeiros. A cada nome que falava – pois existem cada um – eu inventava um nome mais bizarro ainda, para o seu delírio, chegando a chorar de tanto rir. Só sei que até hoje, sempre quando o encontro, ele me pergunta como está o MC Arroto, criado naquela situação. Mais risadas...*

Depoimento de Téo.

Mais que especial

É difícil traduzir em palavras meus sentimentos por uma pessoa tão especial para mim. Para começar meu depoimento, vou falar de um episódio recente que ocorreu nesta semana e que traduz a felicidade de ter um amigo como o Du. Estava no show do Revelação, banda que gosto muito, no Chevrolet Hall, e encontrei com o Léo e o Dudu. Ele estava na frente do palco, eu o vendo de longe e ele me vendo. De repente, o vocalista do Revelação (Xandy de Pilares) desceu do palco com o cavaquinho, cantando. Parou em frente ao Du, com a luz em cima dos dois, e ficou uns três minutos cantando com ele. A felicidade no rosto do Du refletia para todo o ginásio. Foi uma cena muito bonita e marcante. Após a saída do cantor, ele se virou para mim de longe e sorriu. Com certeza, ele pensou: "Você viu, meu rei??? Você viu?"

São coisas simples assim, mas de uma magnitude imensa, que me fazem pensar o tanto que o Dudu Gontijo é uma pessoa especial. Eu o conheci quando entrei na banda. É... Dudu tem mais tempo de Zumberê que eu. E, quando entrei, ele ficou meio ressabiado. Quem é esse aí? Hahaha... Não demorou muito tempo para ele me encantar e mostrar que era um garoto pra lá de especial. Além de excelente músico, com um coração ímpar, é um garoto extremamente querido em qualquer ambiente que esteja. E chama a atenção de todos. Quantas vezes não vi mulheres chorando no show quando ele começa a tocar ou a alegria de todos quando ele tira o cavaquinho e vai dançar no meio do público?

Após esse início de banda, a amizade cresceu e transpôs-se a outro âmbito. O da fraternidade. Com todo o respeito, também considero o Du meu irmão. Quantas vezes ele me chamou para conversarmos sobre seu relacionamento com a Thaís, abrindo seu coração? Quantas vezes ficamos cantando no carro antes e depois dos shows? Inúmeras vezes!!!

Tenho uma irmã, Joana, que tem uma síndrome rara. Quando ela era mais nova, alguns médicos falavam que ela não passaria da quarta série primária. Hoje ela é formada em Turismo pela Fead. Tem seu trabalho, seus amigos, sua vida social. É o maior exemplo que tenho de vida. Falei dela porque também tenho certeza de que o Du é o maior exemplo da vida da família do Léo. E algumas palavras resumem os dois:

Estímulo!!! Confiança!!! Amor!!!

Sem essas três palavras, não teríamos tanto orgulho dessas pessoas que tocam nossos corações a cada dia, a cada movimento, a cada frase e a cada atitude...

Algumas pessoas preconceituosas ou desavisadas falam que são pessoas deficientes. Para mim, são pessoas eficientes!!! Eficientes em levar amor, orgulho, amizade, carinho, respeito e alegria para as pessoas que as cercam...

Dudu, Du, Fizão...

Só uma frase pra resumir o que sinto por você:

Te amo!!!

Depoimento de Paco.

Um presente

Dudu! Ô cara bacana, viu?! Esse menino entrou em nossas vidas como quem não quer nada, observando, arriscando os primeiros sons, sorrindo, calando-se, envergonhando-se, brincando... Hoje faz parte da família Zumberê e é, com certeza, o maior presente que estes anos de música nos trouxeram. Tocar com o Du é um privilégio, e ser amigo dele, uma graça. Nunca vi uma pessoa tão feliz e amorosa. Como faz bem encontrar o Du, ver seu sorriso e ganhar seu abraço!

Com a convivência, aprendi a admirá-lo ainda mais. A confiança surgiu e percebi uma coisa no mínimo curiosa entre nós. Cada amigo, no caso da banda, virou uma referência para ele:

Betinho: o Betinho é o seu ídolo, pelo menos musicalmente. O Du segue todos seus passos, pede para ele afinar seu cavaquinho, ligar o cabo na mesa de som e só toca na hora certa, ou seja, quando o mestre toca. Nem quando a corda arrebenta ousa tocar sozinho, a não ser que o Betinho peça a ele que mostre seus incríveis solos. Ah, os solos são emocionantes...

Teo: na maioria das vezes, é o carona da volta. Coincidência ou não, sempre espera o Teo para ir embora para casa. "Teleco, não me esquece, não!"

Paco: o carona da ida. Meu rei combina o horário e o busca em casa. O Paco, quando extrapola em cima do palco, exagera em alguma música ou se empolga nos camarins da vida, também é alvo do famoso: "Calma, meu rei, você está nervoso?"

Felipe: Sou o amigo do "comes e bebes". Sempre com a frase: "Felipão, e o suco???" Depois de tomar de uma só golada o seu preferido, abacaxi com hortelã, sem açúcar, vem o "Nú, o sucão tava da hora".

Deeza e Maguim: são os amigos dos "pagodinhos". Discutem sobre as novidades do mundo fonográfico. E o Du, sempre por dentro, atualizadíssimo.

Por fim, o Dudu é uma pessoa mais que especial, que nos ensina a cada dia e nos faz mais felizes a cada momento juntos!

Depoimento de Felipe Bastos.

Um acontecimento que ele espera todo ano é o chamado Avacaia, bloco de rua de Belo Horizonte criado pelos integrantes do Zumberê e que desfila pela Avenida Prudente de Moraes todo sábado que antecede o Natal. Já é uma tradição e ele leva muito a sério o evento. Ano passado, foi nomeado diretor de bateria e se sentiu muito importante com a responsabilidade.

Tietagem musical, familiar e dos amigos

Como destacado, os tios e primos do Du também acompanham o progresso dele com entusiasmo. Fazem-se presentes, demonstram carinho. São o alicerce extra de nossa família, a força para seguir adiante. Quem ajudou muito na realização de alguns dos sonhos do Du foram meus primos Handel e Carolina. Como trabalhavam na casa de *shows* Chevrolet Hall, proporcionaram muitos encontros dele com seus ídolos, como os grupos Exalta Samba, Jeito Moleque, Revelação, Inimigos da HP, Fundo de Quintal, Dudu Nobre e outros. Com seu jeito cativante, ele encantou todos eles. Conversou com os artistas com naturalidade, sem reverenciá-los, pois em seu conceito todos os seres humanos têm igual importância e valor, inclusive Chico Buarque, como bem descreveu nosso primo Handel.

Um caso superbacana foi quando levei o Dudu ao camarim do Jeito Moleque depois do *show*. Tinha uma fila enorme para pedir autógrafos. Ele entrou e começou a tocar os instrumentos da banda. O pessoal ficou encantado, fechou a porta do camarim e não quis receber mais ninguém. Daí a pouco, lá estava ele tocando numa roda de samba e tomando uma Fanta. A cara dele... Coisa mais fofa mundo! Ele ficou lá um tempão tocando e o pessoal da banda pirou com ele.

Com o grupo MPB4 (2000).

Com Antônio Pitanga.

Com certeza, como demonstrado nos depoimentos, toda a família recebe em dobro todos os sentimentos que trocam com o Dudu. Ele chega a ser uma unanimidade no grupo familiar e, aonde vai, exala amor e é muito bem recebido.

Puro sentimento

Eduardo Gontijo Vieira Gomes, nosso Dudu, ou simplesmente, Du. No início, o seu nascimento gerou medo, incertezas e inseguranças. Com muito pouco tempo, notamos que o Du foi o melhor presente para toda nossa família. Lá em casa, desde os primeiros dias, sempre foi uma criança normal.

O Du é sentimento puro. Sentimento bom. Amor infinito e de graça. É lição de carinho, delicadeza, sensibilidade e cumplicidade. Um abraço com um sorriso sincero é a sua principal arma de conquista. Sempre desarmado e sem segundas intenções, cativa qualquer pessoa com uma naturalidade impressionante. Pureza pura nas atitudes do dia a dia. Ensinou-nos a falar "eu te amo" sem medo. A música o encanta e com a música aprendeu a encantar. "Papo ruim" não é com ele. Vive para se divertir divertindo todos aqueles que o cercam. Não faz mal a ninguém, só o bem. Blindado do capitalismo desenfreado dos dias atuais. Estresse? Só se errou a nota de uma música. Um eterno irmão mais novo. Exigindo mais atenção, nos ensinou a dar mais atenção. Ele nos faz bem.

O Du me ensinou a ser um médico melhor. Na medicina, uma das maiores virtudes de um médico é a empatia. Empatia é a capacidade de compreender o sentimento ou reação da outra pessoa imaginando-se nas mesmas circunstâncias. Nesse quesito, o Du é doutor. Ele tem uma facilidade incomum de perceber o mais sutil dos sentimentos de uma pessoa próxima a ele. Talvez por sua pureza, sem vícios estereotipados da nossa sociedade, a captação dos sentimentos alheios torna-se mais fácil. Sempre o fez de maneira espontânea e sem esforço algum. Ficar triste perto dele é igual: "O que está acontecendo, Brenão? Por que você está triste?"

Depoimento de Breno.

Os tios, muitos já citados aqui, são um exemplo de uma família sem preconceitos que nos ensina a ser o que somos independentemente de tudo. Uma grande figura e um de seus melhores amigos é meu padrinho Maurício, irmão de meu pai, um de seus grandes incentivadores que, em março de 2011, proporcionou o encontro dele com o mestre Chico Buarque. Maurício também foi o responsável por levá-lo, em 2000, ao seu primeiro *show* oficial, que foi a apresentação do MPB4 no Teatro Dom Silvério, em Belo Horizonte.

Segundo Maurício relata: "Sentamo-nos na primeira fila e a primeira reação do Du foi achar o som muito alto. Logo a seguir, acostumou-se, até que recebeu uma homenagem do Miltinho (com a voz do Pato...) 'Esta música é para o Dudu... Lá vem o pato, pato aqui pato acolá...' Seu olhar dizia tudo. Ficou encantado. Após o *show,* fomos ao camarim, demonstrou de cara como quebrar o protocolo (gelo) e as barreiras, sem a menor cerimônia falou: 'Quero chapar de Fanta'. Eles riram muito, deram-lhe a Fanta e foi uma festa só... todos nós".

Entre os anos 98/2000, havia uma programação mensal do Mineirão Musical Itinerante, apresentação de uma orquestra. O Du ficava fascinado para, além da música, curtir um churrasquinho com Fanta. Como ele sempre alegrava os ambientes, era gratificante todos esses momentos juntos. Quando precisava usar o banheiro químico, transformávamos esse simples ato numa folia completa.

O ano de 2007 foi também marcante, Maurício o acompanhou aos *shows* Domingo na Praça. Assistiram Toninho Horta (guitarrista), Yamandú Costa (guitarrista que olhou para o Du e disse:

"Quebra tudo", pois é o grito de guerra e convocação aos seus músicos antes das apresentações), Hamilton Hollanda (bandolinista), Orquestra de Câmara de São Paulo.

Num desses domingos, teve uma apresentação de teatro com a peça Zorro, ele ficou maravilhado com a performance do Zorro, principalmente no final, quando ele conquista a mocinha e ganha um beijo... Após o final, apresentei o Du a ela. Ele só disse: "Que gata, véi". Pouco tempo depois, ele foi o Zorro no teatro...

O grande músico Alzier, que toca cavaquinho em um bar famoso de chorinho de Belo Horizonte chamado "Pedacinhos do Céu", é cruzeirense. Certa vez, ao ser solicitado pelo Dudu para tocar músicas do Galo, disse:

— Du, por você vou tocar o Hino do Galo pela primeira vez em um *show*.

Outros *shows* que muito marcaram foi o da Marisa Monte (Chevrolet Hall) e do Toquinho e MPB-4 (Free Gell's).

Em Piúma, assistimos vários, Fundo de Quintal, Elite, Kelly Key. Certa ocasião, levei o Du em cima do Trio Elétrico. Ele não conseguiu ficar muito à vontade por causa do volume do som. Ficou bastante incomodado.

Em outro momento, ele foi convidado para tocar durante o intervalo das aulas para os alunos da APAE em Piúma, impressionou a todos, alunos, pais e professores, Marina e eu estávamos juntos. Vivem me perguntando quando o artista Du voltará a tocar lá.

Recarregador de baterias

É uma missão gratificante e de muita responsabilidade falar sobre minha convivência com o Du. Considero-me privilegiado por ser seu "cúmplice", poder compartilhar de sua doçura sem limites. É muito bacana este aprendizado mútuo, e quantas confidências, anseios, brincadeiras e assuntos sérios vivemos juntos... Quando ele me chama de "Meu Querido" é uma música para os ouvidos, só ele tem esse poder, quando me chama pra dormir em seu quarto, que farra, me mostra seus discos, filmes (B-13/Homem Aranha/Crepúsculo)... fala que eu tenho que me atualizar sobre Skype, YouTube, Facebook... por aí afora.

Tive oportunidade de comentar certa vez, com o Marcelo e a Marina, que o Du é o maior recarregador de baterias que conheço... A gente pode estar triste, preocupado, mas é só ficar ao seu lado que a bateria recarrega, a gente fica no maior pique para poder acompanhá-lo.

Uma cena que me marcou com o Du foi quando, certa vez, perguntei a ele sobre como rezava antes de dormir, se pedia ao Papai do Céu pra proteger a Marina, o Marcelo, o Marcelinho, Evelyn, Paula, Rafa, Léo... Comentei que dava uma canseira danada ficar lembrando o nome de um por um antes de dormir... Ele só olhou para mim e disse: "Meu querido, você é mesmo um burrão... A gente só fala assim: 'Papai do Céu, proteja todos'".

Depoimento de tio Maurício.

Conto de Fada

Dudu, falar de você é o como contar um conto de fada, onde a gente só revive coisas boas e gratificantes.

Desde o seu nascimento, em setembro de 1990, você vem fortalecendo a união de nossa família.

Embora ainda pequeno na idade, mas com o coração puro e grande, possibilita-nos, com seus sábios exemplos, enxergar o mundo sob um prisma diferente e desapegado.

Você, Dudu, é sim muito diferente, não em sua aparência, mas sim em sua personalidade. Você é diferente porque é muito especial! Especial por amar com simplicidade! Doa carinho sem cobranças.

Seu sorriso é sincero e seu afago é protetor.

Você é amigo e está sempre a demonstrar que podemos confiar em você.

Você não tem subterfúgios!

Você é autêntico!

Você é amigo de todas as horas!

Por isso, nós te amamos muito! Queremos cada dia mais aprender coisas novas com você, para que o mundo seja melhor e mais harmonioso.

Fique sempre conosco, porque com você a gente não se sente só.

Depoimento de tia Marisa.

Mauro, Marcílio, Marco Antonio e suas respectivas esposas Celeste, Margarete e Lauri, cada um à sua maneira, são outros fãs e apoiadores do Dudu, seja na educação, na inclusão, na fotografia ou na música. Faz sentido minha insistência com meus pais para levá-lo a mais eventos, pois o nosso guerreiro, sabe-se lá por que, faz literalmente a vida ser uma arte. E, como um dos sonhos do Dudu é divulgar seus *shows* para grandes públicos, iremos atrás dele.

Com seu tio Mauro.

Tietagem dos amigos

Outra lição que os depoimentos demonstram é o carinho e a amizade que meus amigos, que se tornaram amigos dele, mostram. Ivan, Régis, Coelho, Dias, Fafu, Guapo, só para citar alguns que, em suas falas, destacam o quanto aprenderam sobre a vida com o "professor" Dudu. Ele sabe viver e nos ensina que o amor, a sinceridade e a leveza são o caminho, e nos mostra que pequenas atitudes é que formam grandes amizades. Ah, quantas histórias, quantas confidências eles já trocaram, muitas delas ele faz questão de não me contar.

Dudu se considera da turma e sempre se faz presente em todos os eventos em que é convidado, como casamentos, aniversários, batizados. Quando digo que alguém o convidou ou quando as pessoas fazem questão de convidá-lo diretamente, ele fica todo emocionado e alegre. Fica contando os dias para participar do evento, por mais simples que seja.

Muitas vezes também recebe homenagens ou tem oportunidade de ser convidado para tocar ou carregar as alianças de muitos casamentos. Ultimamente, está recebendo uma média de dois convites por mês.

Ressalto que diversas outras pessoas fazem parte da história do Dudu. Não pude citar todas e nem posso precisar o grau de importância que cada uma tem em sua vida.

Sem ensaio

Falar do Du é ao mesmo tempo extremamente fácil e, também, muito difícil. Fácil porque sendo ele uma pessoa linda, em todos os sentidos, possibilita que fiquemos horas falando de suas qualidades, da beleza e simplicidade de seus gestos. É, contudo, difícil, porque é uma pessoa tão maravilhosa e especial para nós que tememos não conseguir expressar com palavras todo o carinho e admiração que temos por ele. Vamos tentar!

Eu, Fafú, conheci o Du quando comecei a namorar o Breno, ou melhor, com o Guapo, que já o conhecia há mais tempo. Desde o início do namoro, descobri que os dois tinham uma bela parceria musical. Tudo bem que, como costuma dizer o Du, "o Guapo bebe demais, fica mal, desafina toda hora", mas o resultado é um samba sempre muito alegre e animado. O Du é alegria garantida nos churrascos e eventos da galera, sempre com um sorriso no rosto e um abraço apertado para cada um dos amigos que chega.

Desde que resolvemos nos casar, decidimos que iríamos convidar o Du para participar da nossa cerimônia, tocando Ave Maria e Como é Grande o Meu Amor Por Você no seu famoso cavaquinho. Restava convencer os párocos da Igreja de Lourdes, sempre tão tradicionais, a deixá-lo tocar bem pertinho de nós, no altar... Queríamos vê-lo, sentir seu carinho, sua luz, e permitir que todos na igreja pudessem fazer o mesmo...

Não foi difícil convencer os responsáveis pelo Coral, pois logo que o conheceram ficaram impressionados com seu talento e, também, com seu carisma, desprendimento.

Assim que fizemos o convite, ele aceitou, muito feliz, nos alertando, contudo, para o fato de que não conseguia tocar a música até o final. Dissemos a ele que isso não seria problema, e que ele tocaria o que conseguisse, que isso seria suficiente para abrilhantar o nosso casamento, pois o importante seria que ele participasse.

Não houve ensaio, mas tudo ocorreu da maneira mais perfeita possível, exatamente como sonhamos. As alianças foram abençoadas ao som de Ave Maria, tocada pelo Du em seu cavaquinho, no altar, bem ao nosso lado. As fotos e o filme do casamento não são suficientes para demonstrar toda a emoção que sentimos. E um detalhe: o Du novamente nos surpreendeu. Nós não sabíamos, mas desde que o convidamos, ele passou a treinar ainda mais a música e, no dia do casamento, tocou a música inteira, derramando vida, amor, luz e muita emoção na igreja, abençoando nosso casamento. Ao final, tocou novamente, e eu deixei a igreja ao som de seu cavaquinho, tocando Como é Grande o Meu Amor por Você... Emoção indescritível! Certamente o dia mais importante das nossas vidas se tornou mais especial com a participação do Du, e agradeceremos a ele eternamente por esse presente... Du, você é iluminado! Amamos você!

Depoimento de Fafu e Guapo.

Em nome da amizade

Meu depoimento vai para o amigo Eduardo:

Obrigado, Dudu, pela sua amizade! Ser seu amigo me conforta e me faz muito bem! Amizade sincera, alegre e respeitosa. Amizade onde se conversa de tudo. Da família, dos amigos, da saúde, do samba, do cavaco, das mulheres, das namoradas, da sacanagem, do Galo, das sobrinhas, dos casamentos, das diversas fases da vida. Amizade onde os presentes são do coração, onde a cobrança é por um abraço, por um gol de "cobertinha" do meio campo, por um conselho simples e uma enorme lição de vida. Vida longa para nós.

Um grande abraço do Amigo Camilão!

Depoimento de Camilo.

Du - uma lição de vida

Para muitas pessoas, a Síndrome de Down ou Trissomia do cromossoma 21 é um distúrbio genético causado pela presença de um cromossomo 21 extra, seja total ou parcialmente. Geralmente a Síndrome de Down está associada a algumas dificuldades de habilidade cognitiva e desenvolvimento físico.

Contudo, ao longo dos anos, pessoas com essa síndrome passaram a ser conhecidas como "especiais", e assim as vejo.

Na vida existem mistérios que não alcançamos ou compreendemos, mas em todos os casos notamos que os "especiais" nascem em famílias especiais, capazes de oferecer uma atenção e amor incondicional para o bom desenvolvimento daqueles.

Como experiência própria, tenho convivido com alguns "especiais" e com eles aprendido a pureza da vida e o simples prazer em viver e amar.

Existem pessoas que marcam as nossas vidas. Existem pessoas que chegam para ficar.

Du é uma dessas pessoas e se tornou parte de nós. Ele nos presenteou com emoção, sabedoria, alto astral, carinho e amor.

As qualidades de Eduardo não param por aí. Ele é extremamente inteligente e possui habilidades com instrumentos musicais, manuseio de computadores e videogames, escrita, fala, compreensão e atividades esportivas.

Tem sido um prazer dividir momentos inesquecíveis com o Du, essa pessoa que Deus nos brindou. Lembro-me de vários momentos passados, como o primeiro cavaquinho, a primeira vez na escola, sua presença em eventos da nossa turma, participação em shows, sua festa de 15 anos e principalmente sua atuação no chá de panela do Léo e da Carol, onde nos divertimos e tocamos diversas músicas.

Foi uma tarde/noite maravilhosa, familiares e amigos reunidos para comemorar o prazer de conviver com essa família especial, que ganhava naquele momento mais um indivíduo querido.

Nesse momento, tive notícias da carta que Eduardo escreveu para seu irmão, Leonardo, e sua digníssima companheira, Carolina, em relação à Eduarda, que já estava por conhecer o nosso mundo.

Mais tarde, me emocionei ao ler a referida carta. Nesta, Du demonstrava mais uma vez seu caráter intocado, sua honestidade, carinho e sinceridade por meio de palavras singelas e amorosas, dizendo-se grato ao irmão e comprometendo-se em zelar e amar a Eduarda, sua homônima.

Diante de tais momentos, notamos que o Du sempre foi bem orientado e motivado por seus pais, irmãos e amigos, podendo nos surpreender a cada dia.

Du supera todas as expectativas, comprovando que somos todos iguais e que aprendemos uns com os outros a cada dia.

Agradeço sempre a oportunidade de conviver ao longo de muitos anos com toda a família Vieira Gomes Gontijo, pessoas com as quais percebi que a vida é muito mais simples do que aquela que imaginamos.

Concluí, ao fazer este texto, que ninguém tem limites, desde que saibamos sobrepô-los. Eduardo, para mim, é lição de vida, amor e pureza.

Depoimento de Guilherme Dias.

Sem limites

Conheci o Du há pouco tempo, mais ou menos uns sete anos atrás, e fiquei impressionado com a pessoa que ele é.

A sociedade, de modo geral, nos impõe algumas regras e alguns mitos que trazemos desde a infância até a vida adulta, e um desses mitos é ter pena ou dó de pessoas ditas como diferentes. Pessoas que têm algum tipo de limitação.

Quando conheci o Du, o primeiro sentimento que tive foi esse mesmo, de pena dele e daqueles que estão à sua volta, que têm que se privar de outras atividades para cuidar dele.

Mas depois de um tempo e desmitificando o que me foi imposto por todos, inclusive a escola, que deveria ensinar justamente o contrário, percebi que o Du é uma pessoa privilegiada e quem tinha várias limitações era eu. Pois que ser humano dito como normal pela sociedade consegue expressar seus sentimentos de forma tão pura e clara como já vi inúmeras vezes o Du fazer, expressar seu carinho pelo irmão, pelo pai, pela mãe e pelos amigos?

Teve um dia que o vi com uma foto na mão e era uma foto de sua mãe grávida dele, e ele me falou o quanto ele achava sua mãe linda quando estava grávida dele. Quem dentro de sua "normalidade", em um mundo que privilegia bens materiais e os sentimentos nunca são lembrados, poderia ser capaz de andar com uma foto de sua mãe na mão mostrando a beleza da maternidade, por amarmos nossas mães?

Todos que convivem um pouco com ele sabem que não há limites para o Du. E falo da vida de uma maneira geral, pois quando temos a oportunidade de vê-lo tocando cavaquinho ou nadando na piscina, vemos que ele vai longe. Tenho certeza de que ele dá e ainda dará muito orgulho a todos à sua volta.

Pode parecer até um clichê, mas com certeza todos aprendem muito mais com ele do que ele com a gente.

Depoimento de Régis.

Obrigado

Ter a oportunidade de manifestar minha relação com o Dudu muito me alegra, pois a convivência com ele sempre me ensinou muito. Tal frase parece um grande clichê, mas na verdade esse é o verdadeiro sentimento que tenho desde o momento em que conheci o Dudu. Não há ninguém entre os ditos "homens comuns" que não se questione como compreender e conviver com pessoas ditas "especiais". Nós, com a nossa visão provinciana e carregada de estigmas e valores, sempre nos gabamos de sermos capazes de resolver todas as questões cotidianas, mas, certamente, somos despreparados e limitados a compreender a Síndrome de Down. E é nesse ponto que agradeço a oportunidade de conviver com pessoas como o Dudu, que me proporciona, repetidamente, a apontar um novo olhar sobre mim mesmo: como valores humanos muito maiores, mas que andam muito esquecidos. Dudu é um cara que encanta pela simplicidade com que nos ensina como ser mais amoroso, mais amigo, mais próximo, mais humano! Nada mais bonito do que ver o Dudu tocando seu cavaco em total harmonia, com uma habilidade de fazer inveja a muitos músicos profissionais! E isso só ele sabe fazer, do seu jeito, no seu tempo! Dudu é especial, mas é especial pelos seus valores, pelo seu jeito de ver e viver a vida e, principalmente, de nos propiciar essa convivência amorosa. E nós somos mesmo homens comuns...

Beijo do amigo Ivan.

Depoimento de Ivan.

Simples assim

Ao receber o convite de meu amigo Léo para escrever algumas palavras sobre o nosso Eduardo – sim, "nosso", pois todos aqueles que convivem com o querido "Du do Cavaco" o consideram como parte de suas vidas – minha primeira reação foi de espanto e alegria.

Espanto ao constatar o eterno esforço do meu amigo Léo em demonstrar, agora em forma de livro, um amor incondicional ao irmão caçula. Além das inúmeras manifestações de amor e afeto, Léo, em nome de toda a família, Marcelo, Marina, Paula e Marcelinho, realiza uma belíssima – e justa – homenagem ao nosso Du.

Alegria também foi o sentimento ao receber o convite, pois escrever sobre Dudu é falar de alegria, afeto, ternura, amizade, apreço.... Na verdade, sabemos que tentar descrever ou encontrar uma adjetivação para uma relação desse tipo é uma grande perda de tempo. Em outras palavras, ou vivemos, sentimos e apreciamos a beleza dessa relação de amor incondicional ou não. Simples assim.

Léo solicitou que eu contasse um caso envolvendo nosso Du. Dentre vários, escolhi aquele que ele, o próprio Du, mais lembra e gosta. Lembro que no dia 26 de março de 2008 o Galo jogou contra a equipe do Peñarol na comemoração do centenário do Maior de Minas. Entre fogos, muitos fogos, show do Jamil e a festa da torcida na Geral, o Du lá estava a me chamar para praticarmos seu esporte preferido em pleno estádio: o Le Parkour (para aqueles que não sabem, o Le Parkour é um esporte no qual o praticante usa o corpo para saltar obstáculos urbanos, tais como bancos, muros, escadas etc.).

Então, lá estávamos nós, eu e Du, a correr, saltar, pular entre os largos degraus da geral do Mineirão. É bem verdade que nosso repertório de acrobacias no Le Parkour era bem reduzido, mas a diversão do improvisado Le Parkour superou em muito o "histórico jogo" do Galo. O problema, no meu caso, foi a terrível dor muscular que me acompanhou por toda a semana após o excesso daquela noite...

Por último, resta lembrar que a personalidade amável do Du não é fruto do acaso, mas de um comprometimento moral da família, em especial dos pais, em construir um espaço no qual o Du desenvolvesse todas suas potencialidades e habilidades. Isso deve ser digno de nota, pois, como é facilmente constatado por aí, não são todas as crianças que encontram um ambiente familiar como esse. Nesse sentido, o livro representa também uma homenagem aos pais pelo conjunto da obra.

Sem dúvida, a ideia do livro sobre o irmão caçula é genial, na medida em que cristaliza e eterniza nossa eterna gratidão ao Du por proporcionar momentos de uma felicidade tão simples e verdadeira. Se bem que, em se tratando de Du, a lembrança daquela noite dispensa qualquer registro, pois difícil seria esquecer as dores musculares da manhã seguinte em razão de nossa exibição de Le Parkour no Mineirão...

Depoimento de Léo "Toro".

Rio e Revelação

Em março de 2011 conseguimos, com a ajuda de Maurício, levá-lo para conhecer o Rio de Janeiro, um de seus grandes sonhos. Fomos de excursão e aproveitamos para ir ao sambódromo ver o Desfile das Campeãs. Fiquei muito feliz em receber o *e-mail* a seguir, pois mostra que toda cumplicidade vale a pena.

De: Luciana Dirlene <lucianadirlene@hotmail.com>
Para: gontijogomes2003@yahoo.com.br
Enviadas: Terça-feira, 15 de Março de 2011 10:59:17
Assunto: Olá Dudu e Leonardo

Bom dia!
Meu nome é Luciana, tive o prazer de conhecer o Dudu no embarque do ônibus da Transjapa no Desfile das Campeãs.
Não sei se lembram de mim...mas o motivo do meu e mail é porque fiquei emocionada de ver vcs dois durante o passeio. O Dudu é simplesmente cativante, encantador e vc Leonardo, me deixou muito feliz com o seu cuidado, carinho e dedicação com ele.
Desculpe-me pelo atrevimento de pegar o seu e mail, mas a cumplicidade de vcs é impressionante.
Um forte abraço p vcs dois.
Luciana.

Entre os diversos *shows* em que estivemos juntos, teve um especial. Foi no dia 6 de maio de 2011, no auge das emoções, que eu estava vivendo ao confeccionar este livro. Foi a apresentação do Revelação, um dos grupos de que ele mais gosta. Foi uma noite marcada por fortes emoções. Curtimos bastante e aproveitamos o *show* apenas nós dois, com muita dança e declarações de amor. Sem dúvida, esse momento ficará guardado como poucos em minhas recordações, pois lavamos a alma de tanto dançar. Dormimos juntos e trocamos muitas confidências.

A maioridade e o exercício de seus direitos

"Amar talvez seja isto: descobrir o que o
outro fala mesmo quando ele não diz."
Padre Fábio de Melo

Certo dia, meus pais se deram conta de que o Dudu já era maior de idade, que já tinha passado do tempo de se alistar no Exército e que necessitava do título de eleitor para votar. Carteira de identidade ele já tem desde os 12 anos e se orgulha de mostrá-la. Demorou um pouco para entendermos que ele tinha direitos civis e independência que todos atingem aos 18 anos. Hoje, estamos em processo de interdição dele. A decisão será por uma curatela parcial (é um instituto que visa a proteção da pessoa e o regimento ou administração de seus bens). Meu pai será o curador e, na falta dele, eu. Foi bem estranho perceber que ele precisava de toda documentação e que está conquistando cada vez mais autonomia.

A interdição não é automática. São os pais ou a pessoa que detém a guarda da pessoa que entra com o processo quando a pessoa tem 21 anos. Eles precisam passar uma procuração alegando que a pessoa é "incapaz". Geralmente, o juiz dá a interdição total facilmente.

A interdição parcial é um instituto que encontra resistência em nosso poder judiciário e são poucos os casos no Brasil. Se conseguirmos a interdição parcial – e essa será a nossa luta –, o Dudu ficará com os direitos de um jovem de 16 anos, que pode votar, assinar contratos de trabalho, adquirir bens e até vender, desde que com a assistência dos pais.

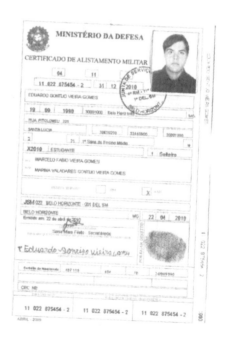

No dia dos seus 18 anos, Eduardo começou a ficar cada vez mais vaidoso, mas sempre distribuindo simpatia. Animado e festeiro, recebeu, à noite, uma barca de comida japonesa, sua preferida, e traçou tudo rapidamente. Nesse dia, estava muito ansioso, pois queria muito alcançar idade suficiente para frequentar boates, casas noturnas e *shows*. Fica todo alegre quando pedem sua carteira de identidade e comprovam que ele pode entrar.

Uma das paixões do Dudu é a música baiana e, a partir dos 18 anos, ele entrou na fase de "micareteiro". Adora participar dos eventos e sabe todas as músicas. Quando está numa festa dessas, não tem alegria maior para ele. Sempre que posso, vou junto e gasto um tempo observando a reação dos adolescentes à sua volta. O público que frequenta esses eventos, em sua maioria, é composto por pessoas entre 16 e 20 anos. Nessas andanças, percebo um misto de admiração e discriminação. Percebo que as mulheres são mais amorosas e se aproximam mais. Já os homens evitam o contato e apenas observam sua alegria contagiante de longe.

Não tem preço ir a esses *shows* com ele. Quanta emoção e carinho! Durante todo o ano ele escuta a Rádio Extra FM 103,9 para saber das datas e dos *shows* e, carinhosamente, me pede:

— Vamos no axé "Miguinho" –, ou seja, comigo.

Como tem bom domínio dos eletrônicos, ao completar 18 anos ganhou um *notebook* de seu irmão Marcelo e ficou muito empolgado. Usa regularmente as redes sociais e interage muito bem com todos. Escreve *e-mails* e usa muito o Facebook. Obviamente que temos receios com o uso abusivo de computadores. Porém, ele tem seus limites e, segundo diz, utiliza o *notebook* para ficar atualizado com as notícias e, principalmente, com as músicas do momento. Fica todo orgulhoso quando posta uma música nova que poucos conhecem. Com certeza, essa habilidade dele pode ser um diferencial para sua futura colocação no mercado de trabalho.

Relacionamentos, puberdade e sexualidade

"Ao contrário do ouro e do barro,
o verdadeiro amor, dividido, não diminui."
Percy Bysshe Shelley

As pessoas com a Síndrome de Down não são diferentes das demais e também necessitam se realizar por meio do trabalho e de um relacionamento amoroso. Como caçula da família, ele participou do namoro e do casamento de todos os irmãos. Para ele, namorar e casar – ele fala muito nisso – faz parte da vida, por que não?

Ainda são frequentes, nesta fase da vida, as dificuldades dos pais e profissionais de saúde de lidar com essas questões. Tornam-se mais nítidas as diferenças entre as expectativas maternas e paternas e a potencialidade do ser humano. Como na população em geral, a adolescência é uma fase na qual começam a se manifestar os problemas emocionais.

Como disse, no Instituto Educacional Despertar, Dudu conheceu seu primeiro amor, Thaís, e, com ela, a descoberta da sexualidade. Os dois namoraram por cinco anos. Nesse ponto, gostaria de ressaltar que o desejo sexual faz parte do instinto de sobrevivência da espécie humana. É saudável para todos.

Atualmente, no Crepúsculo, ele namora a também atriz Mariana. Percebo que sua maturidade frente ao tema aumenta ano a ano e o vislumbro pronto para viver plenamente sua sexualidade, mesmo sem se casar. Obviamente, temos que acompanhar para ajudá-lo a achar seus caminhos e ratificar suas escolhas. Penso que temos que amadurecer para que ele tenha mais autonomia e independência. Sinto que está no momento de correr mais riscos e deixar um pouco a redoma familiar que o protege, mas que, de certa forma, lhe tira o prazer da liberdade. Tenho certeza de que ele alcançará voos mais altos.

Se acreditamos que a criança com Síndrome de Down vai crescer e aprender, em todos os sentidos, se a prepararmos para uma vida social plena, para uma sexualidade adequada e para uma autonomia global, estaremos formando um verdadeiro ser humano, caminhando com ele em direção a um objetivo real e não enjaulados na pequenez de uma sentença. A educação sexual, que envolve aspectos biológicos, afetivos e intelectuais, deve ser claramente ministrada, pois vai ajudar a pessoa a melhor conhecer seu corpo e adquirir formação pessoal que repercutirá diretamente na sua conduta.

Como já citado anteriormente, a puberdade das PCD se processa de forma semelhante à dos demais adolescentes. Os níveis hormonais também obedecem à mesma ordem. Os homens Down, em sua grande maioria, têm uma maturação sexual completa, mas são normalmente estéreis, como já disse.

O espermograma que fizemos no laboratório Humberto Abrão em Belo Horizonte, em abril de 2011, foi uma oportunidade e uma forma que encontrei para conversar com ele abertamente sobre sexo, pois sentia que ele tinha muitas dúvidas e pouca gente para conversar a respeito. Geralmente, ele conversa com seus primos Túlio e Thomaz que, como são muito novos ainda, não possuem muita experiência para passar. No dia do espermograma, conversamos sobre tudo e tive a oportunidade de vê-lo como o homem que realmente é.

Felizmente, a coleta foi pouca, e tivemos que voltar três dias depois e, mais uma vez, tivemos oportunidade de trocar experiências. Nesse dia, até gravei nossa conversa. Como na primeira ida, comentamos sobre camisinha, perguntei se ele sabia usar e ele disse que não, mas que gostaria muito de aprender. Diante disso, e como tínhamos que coletar muito esperma para a realização completa do exame, aproveitei a chance e o ensinei a usar a camisinha. Ele adorou. Então, pensei em lhe ensinar a fazer o exame com a camisinha para não vazar esperma, mas, no final, quando entregamos o frasco, me alertaram que, como o preservativo tem espermicida, teríamos que fazer outro teste.

Rimos bastante e aproveitei para conversarmos mais, pois para realizar o exame, é preciso, no mínimo, três dias de abstinência sexual. Falamos sobre a periodicidade com que ele se masturbava e sobre suas vontades. Na terceira tentativa, conseguimos realizar o exame, que comprovou que ele tem baixa probabilidade de ser fértil.

Isso já era quase certo. Meu objetivo foi atingido, pois foi a primeira oportunidade em que conversei com ele de homem para homem sobre esse assunto que tanto lhe interessa no momento. Disse que quer transar, porém com a pessoa amada. Foi a chance que tive de lhe explicar como nascem os bebês. Ainda teremos que buscar apoio e descobrir a melhor hora e forma de contar a ele que não pode ter filhos, já que ele sempre diz que quer ter um.

Com Mariana.

Desafio: sexualidade sem mistérios

O espermograma analisa as condições físicas e a composição do sêmen humano. É explorado para avaliar a função reprodutora do testículo e problemas de infertilidade masculina.

Mesmo sabendo que a sexualidade engloba diversos aspectos do desenvolvimento humano e que permeia todas as épocas da vida, inclusive a infância, a sexualidade adulta é genital e permite o encontro com o outro.

É desse exercício que o Dudu se vê ainda privado, visto que as demais expressões da sua sexualidade são atendidas nas diversas trocas afetivas e intensas que faz com as pessoas que o cercam.

Temos que ficar atentos para não confundir as coisas e decretar que uma capacidade intelectual inferior pode resultar em uma inabilidade para controlar os instintos sexuais. Isso pode até levar os pais a assexualizar o filho, negando sua sexualidade, transformando-o em um eterno bebê. Eis o nosso mais novo desafio.

A sexualidade deve ser explorada de forma lógica, racional e rotineira, sem mistérios e, muitas vezes, explorando modelos da botânica e do mundo animal. Quanto às doenças sexualmente transmissíveis, em qualquer atividade, de qualquer indivíduo, a prevenção é recomendável.

Foi isso que tentei fazer.

Há inúmeras questões difíceis e sem respostas nessa área. No entanto, não é correto negar-lhes a sexualidade. É importante a convivência com adolescentes do sexo oposto e a permissão para a expressão de sua afetividade e sexualidade. Em conversas com mães, percebi que os filhos são iguais na síndrome, mas diferentes na educação, nos valores e princípios morais e religiosos, o que atrapalha um pouco os relacionamentos, devido às inúmeras interferências, sempre positivas, mas muitas vezes excessivas.

Ainda estamos estudando o tema e sou favorável a uma ajuda profissional. Teve uma passagem que me marcou: um belo dia, quando o Dudu estava falando muito sobre o assunto sexo, pensei comigo em levá-lo a uma casa de prostituição. Seria um momento meu e dele, e já havia conversado informalmente com alguns psicólogos. Só que antes de levá-lo, pensei que, não sendo eu o pai dele, deveria consultar minha mãe.

Quando toquei no assunto a reação foi forte e mudei de ideia, mesmo dizendo para ela que seus outros filhos também passaram por isso e usaram desse artifício para aprender a lidar com a sexualidade. Claro que sei que temos diferenças, porém ainda penso nessa hipótese, obviamente com todos os cuidados necessários. Alguns dizem que ele irá querer toda hora, não sei. Espero que o tempo e os profissionais nos ajudem a lidar melhor com a questão.

A verdade é que precisamos ficar mais atentos à proteção excessiva que ainda temos com ele, porque pode atrapalhar e limitar seu desenvolvimento pleno. Precisamos nos lembrar de que estamos criando para o mundo e não para suprir nossas carências afetivas. Sabemos das dificuldades e estamos no caminho certo.

Amizade amorosa

Eduardo,

Você é uma pessoa muito especial, que tem bom coração.
Esta é uma grande amizade que nós construímos juntos.
E admiro o seu jeito diferente.
Estamos construindo uma amizade amorosa, com vários tipos de trocas de carinho,
Como amizade verdadeira, alegria, respeito e compreensão.
Você é uma pessoa sincera e muito divertida. Gosto muito do seu jeito.
Dudu, você é uma pessoa muito especial na minha vida.
É muito bom conviver com você.
E é um prazer estar perto de você pra tudo e ser feliz com a pessoa que amo muito.

Depoimento de Mariana.

Marca

Eduardo,

Pessoa carismática e talentosa,
Que encanta a todos com seu jeito menino e moleque, mas também por vezes tímido.
Determinado e persistente, busca alcançar seus objetivos, sempre com muita coragem e muita garra.
Dudu, você faz a diferença!
Quer deixar a sua marca no mundo.
Você é um exemplo de superação!
Parabéns.
Um abraço.

Depoimento de sua sogra Kátia.

Esportes, um capítulo à parte

"Amar não é olhar um para o outro.
É olhar juntos na mesma direção."
Antoine de Saint-Exupéry

É sabido que as PCD têm tendência a engordar. Isso geralmente ocorre, entre outras razões, devido à hipotonia geral de seus músculos, incluindo aqueles envolvidos na digestão. Por serem flácidos, tais músculos não dão a sensação de saciedade após uma refeição, o que faz com que eles tenham uma tendência de comer sem saber quando parar. O excesso de peso contribui para o agravamento de problemas cardíacos e dificulta o desenvolvimento motor.

Felizmente, o Dudu, atualmente, está muito apegado à sua qualidade de vida, preocupado, principalmente, com sua educação alimentar. Ele come muito bem, todos os alimentos e, de uns dois anos para cá, aprendeu, com seus primos, a comer de três horas em três horas, rotina que segue à risca, britanicamente, além de fazer musculação no mínimo três vezes por semana. Ele está percebendo o desenvolvimento de seu corpo e está feliz com isso. Não tem preço a sensação de vê-lo comparar o seu braço com o meu para me mostrar como o dele está mais forte. Um dia, me emocionei:

— Sabe, Léo, já consegui pegar 40 quilos no supino (equipamento de ginástica). Daqui a pouco vou conseguir te carregar como você faz comigo.

Mal sabe ele que a sua força não está nos músculos, mas sim na sua autenticidade e no seu modo de ser. De certa forma, ele já me carrega, me levando sempre em frente, sempre em busca de me tornar um ser humano puro, leve e maravilhoso como ele.

Como anda fã de musculação, tem seguido uma disciplina quase militar em termos de horários e treinos. Quando chega a hora de ir para a academia, ele fica todo animado. Sua interação com o esporte ocorre desde criança. À sua maneira, ele sempre participou das atividades com os primos, amigos e irmãos. Seu despertar efetivo para a natação aconteceu muito cedo. Aos três anos, já ensaiava seus primeiros mergulhos. Hoje, nada três vezes por semana com uma habilidade e profissionalismo extremos. Pratica essa modalidade já faz nove anos e sabe nadar os quatros estilos. Participa de algumas competições e, sempre quando ganha medalhas, se sente muito importante, exibindo-as por uma semana.

Coerente com seus ensinamentos, Dudu evita esportes de contato, como futebol e luta, obviamente também por suas limitações.

Porém, adora fazer acrobacias com a bola e fica todo satisfeito quando me dá uns chapéus. Ele para muito bem a bola nos pés e só gosta de jogadas com efeito, como bicicleta e letra. Outro esporte de que gosta muito é o *Le Parkour*, do qual vê inúmeros vídeos. Por meio de um amigo do seu primo Estefano, ele aprendeu a prática. A partir da *internet*, tomou gosto pelo esporte e o disseminou para toda a família.

Eu nem fazia ideia de que isso existia. Depois que conheci, já o levei algumas vezes em praças de Belo Horizonte, onde ele se diverte, ainda mais quando encontra um cara bom no ramo. Aí, puxa papo e pergunta sobre inúmeras manobras. No início, ficávamos receosos de ele tentar fazer isso e se machucar ou fazer manobras radicais em nossa casa. Porém, acho que ele conhece muito bem suas limitações e fica só no discurso.

> *Parkour*, também conhecido como *Le Parkour*, é uma disciplina onde os praticantes – conhecidos como *traceurs*, ou *traceuse*, no feminino – usam seu corpo para passar obstáculos de uma forma rápida e fluente. No *Parkour*, você aprende técnicas desde como subir um muro até como pular de um lugar alto, porém o *Parkour* não é um esporte de pular prédios. Ele consiste em um homem correndo de alguém/algo e nenhum obstáculo pode pará-lo, mas não é só isso. Além de passar os obstáculos, você deve executar os movimentos da forma mais natural possível, usando o obstáculo como se fosse parte do seu corpo.

Eduardo gosta também de andar de bicicleta. Foi uma luta fazê-lo sacar as rodinhas e, aos seus 11 anos, quando conseguiu andar sem elas, foi como se tivesse ganho a Copa do Mundo. Quanta emoção, quanto esforço e dedicação! Um episódio foi quando ele começou a pedalar maiores distâncias e, por um deslize, acabou atropelando uma moça no condomínio de Tio Marcelo, no Guarujá. Que susto e que lição para ele. Sempre que podemos, andamos de *bike* aos domingos. Percebo que o esforço dele é sempre superior ao que precisamos fazer. Porém, a alegria é proporcional a esse esforço.

Outro esporte que ele gosta bastante e tem uma boa técnica é a peteca. Uma vez, quando foi a Brasília visitar minha irmã, voltou com uma medalha. Exalava alegria e a exibiu como um troféu por mais de um mês.

Em conversa com os professores dele, Gabriel e Alan, o que mais os impressiona é a dedicação e seriedade com que conduz as atividades. Quanto profissionalismo em pequenas ações. Treino e jogo são a mesma coisa. Não tem tempo ruim.

Inédito

Dudu, como aqui é chamado, adora praticar exercícios físicos, principalmente de membros superiores, os de maior coordenação só faz com a atenção do professor exclusivo. E se não suar, ele fala que nem precisa tomar banho (rsrsrs). Eu acho isso um barato! Sempre atencioso e muito educado, adora me fazer companhia: onde eu vou ele está comigo. Se eu vou lanchar, ele me acompanha, se eu vou beber água, ele me acompanha, às vezes chega aqui dando até beijo carinhoso em mim. Realmente tenho boas passagens quando Dudu está por perto. E mais: aqui não tem como colocarem defeito em mim porque ele me defende com todas as certezas. No mais, dança na aula quando a música é boa e a galera da turma adora brincar com ele. A palavra que eu posso descrever esse cara é que ele é inédito.

Depoimento de seu professor de natação, Alan.

Gabrielixa

Bom, vamos lá.

Falar do Dudu é muito fácil. Adoro o Dudu, pois minha relação com ele já vem de alguns anos, desde quando era criança, pequenino, fazia natação, quando eu tive o prazer de tê-lo como meu aluno até pouco tempo atrás. Garoto dedicado, inocente, determinado, alegre, companheiro, amigo de todos, garoto sem limites, onde nada para ele é difícil, e o impossível para ele não existe. Com o passar dos anos foi crescendo e conquistando a admiração de todos, a minha em especial, por estar na minha turma de natação, iniciando as competições. Passado mais um tempo, continuamos juntos, e o carinho por ele só crescendo a cada dia, e ele por um motivo qualquer começou a me chamar de Gabrielixa (rsrsrsrsrs) e esse apelido carinhoso dele pegou. Sempre tive muita admiração pela pessoa Dudu, tal admiração se tornou orgulho, a ponto de falar dele para todos, Dudu fez isso, Dudu faz aquilo, enfim, Dudu tornou-se um membro da família. Nos últimos tempos, ele começou a fazer musculação, mas agora com outro professor, que o adora da mesma forma, mas não deixei de ter contato com ele, pois malha no horário em que estou no salão. Algumas passagens são: shows da banda Zumberê, onde fui em consideração ao Dudu, já brincamos de 'fazer pagode' na academia, pois ele já trouxe seu instrumento que é sua cara, o cavaco, inclusive animou uma de nossas festas, tocando. Conversamos sobre tudo. A partir de sua puberdade, os assuntos mudaram. Ele está se tornando homem, faz comentários sobre "as gatinhas". Sempre gosta de ser comparado a heróis, como JACOB BLACK, HOMEM ARANHA. Também gosta de ser comparado ao JUSTIN BIEBER e ser tachado como um homem forte, bem mais forte do que eu (rsrsrsrsrs). Enfim, espero ter ajudado. Estarei à disposição para qualquer coisa. Grande abraço.

Depoimento de seu professor de musculação, Gabriel.

Torcedor sem muita convicção

Outra passagem de que me recordo foi nossa primeira ida ao Estádio do Mineirão, que fica na região norte de Belo Horizonte. Ele dormiu durante quase todo o jogo, uma vez que acabou a luz do estádio. A partida terminou empatada: Galo 1, Internacional de Porto Alegre 1. Sobre futebol, ele já torceu pelo Corinthians, muito influenciado por seu primo Igor. Por pressão minha, do seu grupo e da família, atualmente é atleticano, apesar de, algumas vezes, mudar de time, torcendo sempre para quem ganha, claro, até para o Cruzeiro, para minha infelicidade.

Um grande momento que vivemos foi em 2007, quando fomos esperar o time do Atlético, campeão da Série B, na sede do clube, na Avenida Olegário Maciel. Ele ficou todo emocionado com a charanga. Por incrível que pareça, pois adora confusão e barulho, continua não gostando muito de ir ao Mineirão, talvez por influência de meu pai, que diz que é muito violento. Por isso, ele está sempre justificando que só gosta mesmo é de ir em jogos da Segunda Divisão.

O dilema do futuro

"É fácil amar os que estão longe.
Mas nem sempre é fácil amar
os que vivem ao nosso lado."
Madre Teresa de Calcutá

Desde que o Eduardo entrou na fase adulta, percebo uma certa preocupação e até apreensão por parte de meus pais, embora a gente continue admirando muito sua forma de encarar a vida. Nessa época, tudo fica mais difícil para as PCD. Nunca buscamos ajuda especializada, porém, de vez em quando, converso sobre isso com meu pai e minha mãe. Por mais que a gente não deva mexer em time que está ganhando, um apoio profissional pode ser bem-vindo neste momento.

Ainda não sabemos se ele sabe sobre sua deficiência. Quando tento abordar o assunto por meio de vídeos e conversas, ele sempre desconversa. Quando participa de eventos da Família Down, ressalta que gosta de participar, "mesmo não sendo uma PCD". Sabemos da importância dessa consciência, porém ainda não achamos a melhor forma de ajudá-lo nessa descoberta. Daí a necessidade de uma ajuda especializada, que pode ser imprescindível para que ele assuma seus limites e conheça sua personalidade em busca de objetivos concretos.

Há certas atividades simples, como amarrar cadarços de tênis e dar nós, que ele nunca teve habilidade para executar. Outra ação que ainda não domina é fazer a própria barba, que a cada dia cresce mais rápido. Atualmente, eu é que me ocupo dessa tarefa.

Depois que me casei e mudei de casa, costumo fazer a barba dele às sextas-feiras, quando temos bons momentos de conversas, trocas e confidências. Tento fazer com que ele entenda que, um dia, terá que fazer essa tarefa sozinho. Porém, ainda estamos preparando o terreno.

A proteção de meus pais sempre foi tão grande, que ele dormiu com eles até os 13 anos. No início, era compreensível, pelo fato de morarmos em um apartamento relativamente pequeno para quatro filhos. Porém, depois que mudamos para uma casa, passou a ser excesso de proteção. É tudo por amor, mas temos que entender que ele precisa de autonomia. Não somos eternos. Por mais doloroso que seja, não somos provedores da felicidade de ninguém. Cada um tem que construir seu futuro. E, também, não podemos nos esquecer de que nenhum ser humano será feliz vivendo num casulo. A felicidade, para mim, é uma construção coletiva e interativa. Temos que prepará-lo para ser o mais independente possível e com uma autoestima elevada.

Para ser feliz, uma pessoa com deficiência precisa, acima de tudo, de autonomia. Isso significa falar bem, se comunicar, perguntar, responder, saber ler e escrever, ter bom comportamento social e aprender um ofício. Significa saber cuidar de si mesmo e da casa e saber orientar-se nas ruas. Ou seja, um ser humano completo, capaz de se virar sozinho.

Apesar dos seus 20 anos, por sua total ausência de malícia, Dudu ainda acredita em Papai Noel e coelho da Páscoa. Na última Semana Santa, até ficou chateado com o tal coelho, que não deixou pegadas. No ano passado, ocorreu um episódio que o deixou muito chateado. Um colega pediu a senha dele do MSN, dizendo que iria passar umas músicas para ele, mas, na verdade, enviou mensagens para todos os seus contatos, principalmente para as mulheres, dizendo besteiras e palavrões. Foi o professor de natação que contou a ele, que ficou triste demais. Teve que esclarecer o acontecido para todas as pessoas envolvidas e, felizmente, não houve consequências mais graves.

Dudu tem lá os seus ídolos e, muitas vezes, pensa que tem poderes de super-heróis, como o Homem Aranha, e de artistas, como o Jacob Black, da saga Crepúsculo, e Harry Porter. Sempre ficamos com receio de que ele se confunda e acabe se machucando.

Seu principal desafio é andar sozinho, a pé e de ônibus, para ampliar sua independência. Quando sai só, fica todo orgulhoso. Recentemente, foi cortar cabelo sozinho, levou a foto do Jacob do Crepúsculo e pediu um cabelo igual ao barbeiro. Quando voltou para casa, minha mãe tomou um susto com o corte, que, no meu ponto de vista, ficou estiloso. Uma dificuldade que ele superou foi aprender a olhar as horas. Apesar de odiar usar relógio, sempre está com seu celular na mão para seguir sua rotina quase britânica.

Como sua noção de dinheiro e troco ainda está muito aquém do que requer a vida diária, é importante que ele não estacione o exercício da mente para não haver regressão. E que sigamos com o aprendizado prático, que o levará cada vez mais à integração social.

Nesta jornada junto com o Dudu, aprendi algo interessante sobre o ser humano: a questão do olhar do outro. Sempre buscamos no outro a confirmação de nossas capacidades e, muitas vezes, me vejo sendo esse termômetro de aprovação do Dudu para suas atitudes. Sinto que é uma grande responsabilidade, mas sei que estou preparado para isso.

Resolver o que vai vestir ou comer, que filme vai assistir. Geralmente impúnhamos ao Dudu aquilo que achamos melhor para ele. Mas, aos poucos, Dudu começou a deixar claro que, se lhe dermos a possibilidade, estaremos fazendo com que ele analise, compare, raciocine e decida em vez de receber tudo pronto. E, acima de tudo, daremos a ele o direito de ter gostos e preferências, bem como construir um indivíduo que saberá aceitar ou não o que lhe for oferecido, que saberá que tem a possibilidade de decidir o que é melhor para si mesmo. Estamos no caminho certo.

Mesmo admitindo que o Dudu aprendeu e teve muitas conquistas ao longo dos seus 21 anos, às vezes penso que ele poderia ter ido além. O fato de Dudu já saber ler e escrever, por mais superação que tenha sido, para mim não é o bastante. Ele quer mais e nós teremos que dar todas as condições para desenvolver todo o seu potencial. O limite não pode ser dado por livros e por nosso olhar, mas sim pelo que ele apontar.

Uma das minhas preocupações era em relação à chegada de quatro sobrinhas e um sobrinho: Isabela e Marcela, filhas de nosso irmão Marcelo, Davi e Maitê, filhos da nossa irmã Paula, e minha filha Eduarda, que nasceu em abril de 2011. Sempre me perguntei qual seria a minha reação quanto tivesse uma filha, pois sempre disse que o amor que sinto pelo Dudu era o ápice do sentimento humano na Terra. Quando minha filha nasceu, refleti bastante e ainda estou neste processo. Percebi que, no fundo, eu não tenho apenas um irmão especial, mas, sim, um filho. Tanto que, para homenageá-lo, Carolina e eu demos à nossa filha o nome que partiu do nome dele, por tudo o que ele representa em nossas vidas.

Apresento aqui a carta linda que ele fez para nós antes mesmo de saber que Carolina estava grávida. Quanta sensibilidade em uma única pessoa! Quanta poesia em singelas linhas! Só mesmo uma pessoa como o Dudu para nos emocionar tanto.

Leonardo Gontijo

1º/6/2010

Leo você mora no meu coração o meu coração é todo seu você e Carol você casal mais um Perfeito para a vida sua o meu coração fica todo alegre quando eu vejo você e você tem um casar e ter filhos eu vou cuidar muito do seu filho vou cuidar que nem o pai a minha vida é de você também você também é o meu pai também a Carol é a minha mãe e o Leo é o meu segundo pai deus iluminou o casal mais Perfeito do mundo todo e você tem um filho grande que é o Yuudy Jade que você falar em mim eu vou defender você quando eu receber a notícia do seu filho vou ficar muito alegre me encanto o casal mais importante da minha vida.

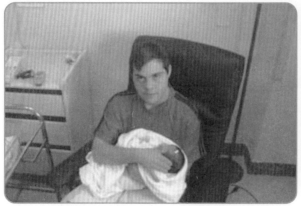 

Com Eduarda: carinho desde o início.

Hora de trabalhar

> "Todo o trabalho é vazio a não ser que haja amor."
> **Khalil Gibran,
> escritor libanês.**

A adolescência é a idade dos desafios. E isso é verdade também para as PCD. Somos testemunhas, em nosso país, de uma geração de adolescentes com Síndrome de Down que tem conquistado cada vez espaços maiores.

A psicóloga Maria Luíza Gomes Machado explica que os fatores que impulsionam pessoas com Síndrome de Down a adquirir habilidades para o trabalho são, principalmente, a aceitação e o incentivo no meio familiar, educacional e social. Entretanto, algumas famílias resistem a incluir seus filhos profissionalmente, pois ainda alimentam sentimentos ambivalentes com relação às possibilidades de conquista no trabalho, superprotegendo-os. Exemplo disso é um levantamento realizado em 2006, pela APAE de São Paulo, que mostra que apenas 3% dos jovens com deficiência atuam no mercado de trabalho.

Trata-se de um desafio atual. Em todo o mundo, desenvolvem-se estudos e esforços para propiciar a integração da pessoa Down no setor produtivo. A profissionalização e a integração no mercado são uma reivindicação social. O estímulo é melhor que o cerceamento. No entanto, deve-se respeitar a potencialidade individual. Com cumplicidade, todos os envolvidos poderão auxiliar a PCD a conquistar uma melhor qualidade de vida, que se traduz, principalmente, na sua capacidade de produção e participação social.

Penso que deveremos refletir como família sobre a diferença entre amá-lo e superprotegê-lo. Ele sempre comenta que tem vontade de dirigir para sair sozinho, namorar e fazer seus programas. Quanto vê carros com a rapaziada ouvindo som, fica todo animado. Ainda não sabemos lidar com isso e sempre falamos que o melhor é não ter de dirigir, pois assim dá tempo de curtir mais, e o ideal é ter um motorista.

Nossa angústia se manifesta pela falta de informação, e nesta fase estamos estudando e avaliando qual o melhor caminho a seguir. Qual será sua perspectiva, já que a fase de escolaridade formal está aparentemente encerrada? Onde trabalhar? Como buscar seu sustento para sua própria autoestima? Ele sempre fala de cachê com o líder do Grupo Zumberê, Betinho, mas nos perguntamos: qual será seu futuro? Será que ele está preparado para seguir alguma carreira, em especial a de músico, seu sonho mais antigo? Ou de DJ, sonho que vem alimentando mais recentemente? Trabalhar em um supermercado? McDonald's? Particularmente, sou a favor que ele trabalhe para ter sua autoestima elevada, para poder ver seu dinheiro e comprar suas coisas. Porém, em casa, ainda há barreiras, resistências e controvérsias, muitas da parte dele, que diz que quer ser músico profissional. Quer pegar ônibus, andar pelo bairro, ir trabalhar. Essa independência é o novo desafio para todos que cercam o Dudu. É condição básica para que verdadeiramente ele se integre à sociedade.

Enfim, é grande nossa preocupação com o futuro do Eduardo, com o que vai ser de sua vida. Porém, temos certeza de que a família unida vai encontrar um caminho, vai buscar soluções para que ele possa ter cada vez mais autonomia e alegria de viver.

Muitas vezes, por pensarmos que ele não será capaz de aprender, ou até mesmo por pena, tentamos poupar o Dudu de esforços que julgamos excessivos. Outras vezes respondemos por ele em conversa na rua, esquecendo-nos de que as pessoas devem ser autônomas e falar por si mesmas. A dependência jamais é uma via de mão única. Os pais sempre se sentirão responsabilizados por tarefas e atitudes do filho quando ele tem a síndrome. Torná-lo independente é o grande desafio.

Mesmo livre para circular por diversos locais, Dudu não frequenta sozinho alguns lugares. Além da preocupação natural que os pais têm com os filhos, estamos sempre querendo estar presentes onde ele estiver. Essa condição, certamente, pesa para ambos e nos mantém amarrados, diferentemente do que acontece com um filho dito normal. Com certeza ainda temos que trabalhar muito isso.

Eduardo é organizado, metódico e até um pouco sistemático. Gosta das coisas em seus devidos lugares, gosta de cumprir horários e leva a sério seus compromissos. Sempre planeja seu dia e suas atividades. Como é vaidoso, se arruma e se perfuma antes de suas atividades e *shows*. Muito paciente, aguarda as coisas com tranquilidade, mas com um pouco de ansiedade, seja uma festa ou o encontro com sua irmã ou sobrinhos. É bem diferente de mim, que sou mais desorganizado e bagunceiro. Atualmente, diz que está amadurecendo a pedido de sua namorada Mariana e começou a ajudar nas tarefas domésticas. Tem um temperamento cordato e conhece bem seus limites. Raras vezes sai do sério. Somente quando o provoco muito. Além disso, tem uma sensibilidade aguçada e se emociona com os problemas dos outros. É sempre muito solidário, espontâneo e receptivo para com as pessoas, sempre cumprimentando-as educadamente. Fala o que pensa. Agora está tomando gosto pela leitura e lê diariamente um pequeno livro.

Quis o destino que, no dia 19 de abril de 2011, um dia antes de eu me tornar pai, o Dudu me proporcionasse, com seu trabalho, uma das grandes emoções de minha vida. Para mim, foi a realização de um sonho ver meus dois ídolos, Dudu e a ex-senadora Marina Silva, juntos numa homenagem na Câmara Municipal de Belo Horizonte. Ele tocou para ela a canção Marina Morena, de Dorival Caymmi, e ela, que na ocasião estava recebendo o título de cidadã honorária de Belo Horizonte, se emocionou muito também. Aquilo para mim foi a real descoberta do conceito de sustentabilidade que tanto estudei. Chorei de orgulho.

Outro momento marcante que ele, juntamente com seu amigo Deivison Cavalcante, emocionou a todos foi em dezembro de 2010, na festa de fim de ano da Verde Gaia, empresa onde trabalho. Deivison fez um texto e um vídeo lindos, que falam de sonhos, desafios, buscas e amor. E ilustrou muito bem todos esses temas inserindo o Dudu no contexto e fazendo um paralelo com a vida dele. Foi de tirar o fôlego. Não satisfeito, ao final do vídeo, levou meu irmão para continuar o vídeo ao vivo. Quanta sensibilidade ele demonstrou! Todos os funcionários da Verde Gaia ficaram emocionados. Foi um paralelo de uma felicidade extrema. A mensagem é: não importa o que o mundo está sonhando. O que importa são os nossos sonhos.

Homenagem na Câmara Municipal.

Balanço e reflexões

> Tentei lhe dizer muitas coisas, mais acabei descobrindo que amar é muito mais sentir do que dizer. E milhões de frases bonitas jamais alcançariam o que eu sinto por você.
> **José de Alencar**

É muito importante rever coisas na vida. Olhar para trás e observar o que mudou, o que ficou igual, o que melhorou. Se os rumos que tomamos foram os certos, se decisões tomadas tiveram os resultados esperados. Rever foi o que fiz quando me propus a escrever este livro.

Rever a vida, meus conceitos e meus sonhos.

Antes de conhecer o Dudu, eu pensava, como muitos, que a deficiência era uma fisionomia marcada. A sociedade, de modo geral, nos impõe algumas regras e alguns mitos que trazemos desde a infância até a vida adulta. Um desses mitos é ter pena de pessoas tidas como diferentes, pessoas que têm algum tipo de limitação. O tempo me ensinou e desmitificou o que me foi imposto, inclusive pela escola, que deveria ensinar justamente o contrário. Percebi que o Eduardo é uma pessoa privilegiada e quem tinha várias limitações era eu. Que ser humano dito como normal pela sociedade consegue expressar seus sentimentos de forma tão pura e clara como já vi inúmeras vezes ele fazer?

Tantas vezes esbarrei em pessoas normais infelizes e amarguradas. Dudu ama a vida e as pessoas, distribui alegria sem medo de acabar. Vê encanto na simplicidade e ensina que a mente tem o passo mais ligeiro, mas o coração vai mais longe. Penso que ele é superfeliz a seu modo. Ele me ensina que o importante é o presente, que tem duração de um instante que passa, que às vezes brincar é mais importante do que estudar, que é preciso viver cada momento com intensidade máxima e sonhar sem perder os minutos presentes.

Sempre sou questionado – e acredito que meus pais também – sobre o que faz do Eduardo uma pessoa tão sociável. Haveria graus de excepcionalidade? Seria o nível de estimulação? Seria a aceitação da família?

Hoje penso, sem me embasar na ciência, que um conjunto de fatores influencia o desenvolvimento da PCD: estimulação, aceitação, características hereditárias, dedicação, estabilidade emocional dos pais. Acho que é um pouco de tudo e, principalmente, acreditar que a diferença está no olhar de quem vê. Não há vários níveis graduais de Síndrome de Down. Existem, sim, diferenças em virtude das capacidades intelectuais, como as pessoas ditas "normais".

Vivemos em uma sociedade em que se é treinado para não expor a vida íntima a estranhos, embora, com o advento das redes sociais, estejamos passando por uma mudança. Evitamos falar dos problemas e das dificuldades mais profundas, como se nos mostrar humanos e verdadeiros nos diminuísse. Preferimos parecer contidos, deuses perfeitos aos olhos alheios. E o Dudu nos ensina a leveza da transparência, a beleza da sinceridade e a lindeza da autenticidade. Só crescemos quando nos mostramos por dentro, sem máscaras, sem firulas, com menos roupa. Ele nos ensina sem saber. Sei que é mais difícil para todos aceitarmos o que é diferente, o que foge do padrão. Abençoados os que não têm preconceito, pois nos ajudam a respirar.

Sou consciente hoje de que ter um irmão com Down é uma bênção para mim. E hoje nem poderia imaginar minha existência sem esse tesouro, esse professor da vida. Possível, para ele, é conseguir o máximo dentro da realidade de cada momento. E isso ele sabe fazer como ninguém.

Penso que, na profundeza da alma, onde moram os mais estranhos e sinceros desejos, o ser humano sonha ser livre para escolher seu caminho, mesmo que errado, e para falar o que sente, mesmo se não agradar. Sei que a total liberdade é utopia. O mundo tem leis, regras sociais e valores éticos. Para uma boa convivência, temos que respeitá-los. Pagamos também um preço por isso, por reprimir nossos instintos. O segredo é aprender a viver em grupo, sem vender a alma. E isso o Dudu faz muito bem.

Penso que todos que já tiveram o mínimo de contato com o Dudu não trocariam um segundo dessa convivência compartilhada por qualquer outra coisa. É com o próprio contato com o outro, principalmente com os diferentes, que aprendemos a nos conhecer. Que ele possa continuar espalhando alegria e cativando cada vez mais as pessoas. Aprendemos muito com ele, especialmente em relação à formação humana, o que nos torna melhores e mais preparados para a vida. Ele nos ensina a nos contentar com pequenas coisas e pequenos momentos, seja um simples DVD novo, um jogo ou uma nova música. Tudo ele aproveita com intensidade e prazer.

Ao escrever este livro, pensei na riqueza do viver e em quantas opções existem. Pensei nos sonhos, na necessidade tão simples e primordial de projetar, de antever a vida de forma sensível, feita de desejo e imaginação. Vez por outra, penso no futuro do Dudu. Na ausência de nossos pais. Isso apenas me faz ter a certeza de que ele sempre terá companhia. A caminhada seguirá desconhecida. Com esperança e otimismo, enfrentaremos os obstáculos e comemoraremos muitas vitórias juntos.

Como a escritora Cecília Dias muito bem colocou, é fácil amar o perfeito, o belo, o correto. É fácil conviver com a normalidade, conhecida e previsível. Difícil é gostar do desconhecido, do especial, do imperfeito. Mas quando se chega a esse amor pleno, percebe-se o privilégio de conquistá-lo. Então, a alma fica repleta de ternura, de bem-querer. É uma sensação tão boa que há muito não posso imaginar minha vida sem ela!

A simplicidade, a calma, o otimismo, a alegria, o amor que deseja ao outro, toda a felicidade, do fundo do ser; a paciência, o altruísmo e a esperança. Tudo isso aprendi com o Dudu, um irmão que me dá tanto sem nunca me pedir nada, uma pessoa que atua como um guia contínuo, em direção ao mais alto nível do consciente que um ser humano é capaz de atingir. Tenho certeza de que, ao final desta jornada, sou e serei uma pessoa melhor. Não melhor do que ninguém, mas sim melhor do que eu era e melhor do que eu mesmo seria se não tivesse um irmão como ele, esse adolescente encantador que emociona e me faz sentir mais humano. A ele devo a ascensão da alma e a sensação de plenitude.

A ele devo a luz que hoje tenho no meu caminho. A ele devo todo o amor e gratidão. Ele é capaz de entender muito bem as coisas com naturalidade. Não é necessário um linguajar especial nem atitudes e comportamentos diferentes para lidar com ele. É receptivo na aproximação, interage melhor conosco do que nós com ele, pois é ele que inicia o contato. Basta responder e trocar o mais natural possível.

É preciso reconhecer que nos foi dada uma grande oportunidade em nossa vida: a de provar que o ser humano é bastante misterioso para nos surpreender diariamente e superar as nossas mais firmes expectativas. Penso que o verdadeiro obstáculo que temos que vencer não é a pessoa ou a síndrome, mas, precisamente, o enorme preconceito que a envolve. Para o Dudu, a amizade não tem distinção. Ele ama igualmente, pois seu amor é incondicional. Por mais que um ser tente alcançar um grau de pureza, nunca conseguirá ser como ele, que é feliz como é. Somos limitados por não entendermos isso. O amor fala mais alto e ele surpreende mais do que corresponde. É um "bon vivant", que adora viagens, praias, comidas.

Apenas para lembrar: Thomas Edison nasceu com a cabeça muito grande, mas sua mãe jamais concordou com aqueles que diziam que ele era anormal. Quando seu professor afirmou que ele era deficiente mental, sua mãe o retirou da escola e passou a ensiná-lo sozinha. Tom Cruise é disléxico e decora seus papéis por meio de um gravador. Agatha Christie produziu suas dezenas de *best-sellers* ditando para o gravador ou uma secretária. Tinha extrema dificuldade de escrever. Albert Einstein não falou até os quatro anos e só conseguiu ler aos 11. Fracassou nos exames de admissão e precisou de um ano adicional de preparatório para passar. Não quero, com isso, justificar nada. Apenas dizer que é preciso aceitar as diferenças e acreditar em nosso potencial, que é ilimitado. O fundamental é que olhemos para as pessoas com deficiência preocupados com suas potencialidades e não com os seus defeitos.

Sempre existiram pessoas com Síndrome de Down que demonstraram qualidades e habilidades excepcionais. Há exemplos de pessoas com Down que escrevem livros, atuam em televisão, dirigem carros e apresentam alto nível em danças e músicas. Mesmo não tão frequentes, existem aqueles que vivem e trabalham autônomos.

Cada vez mais, eles estão preparados para serem mais independentes. No Brasil, só para citar alguns nomes, temos Aline Melo (dançarina), Cláudio Aleoni Arruda (cavaleiro), Luis Felipe Badim (ator), Mariana Botelho (atriz), Pedro Domingues (nadador) e Vinícius Ergang Streda (escritor).

Temos diversos exemplos de pessoas que conseguiram realizar aquilo que se pensava que não pudessem. Essa realidade deve servir para questionarmos: se hoje eles podem fazer tudo isso, por que antes não podiam? E se hoje podem, será que no futuro não poderão mais? Não podemos mais aceitar como normal quando não aprendem e ver como uma vitória o pouco que conquistam.

Torcemos para que o Dudu voe alto, sonhe muito. Estarei sempre observando-o e aprendendo que quem possui limite são os municípios. Como diz o filósofo Jean Cocteau: "E sem saber que era impossível, ele foi lá e fez".

A ciência já demonstrou que as etnias humanas são muito mais semelhantes entre si do que aparentam ser porque grande parte da variação que nós vemos entre elas são resultantes de diferenças culturais. Por isso, não podemos, apressadamente, concluir que uma diferença que percebemos na aparência ou jeito de uma pessoa deve-se à diferença na sua constituição genética. Se a diversidade é a regra, por que temos tanta dificuldade em aceitar a diferença?

E penso que aceitar significa ver as pessoas como seres humanos, com sua própria personalidade, limites e desafios. Cresci nesta caminhada com o Dudu, sou mais tolerante e com um grau de compreensão maior em relação às diferenças. As batalhas que vencemos são fruto de muito amor e cumplicidade. A luz que emana do meu irmão é a mais intensa bênção de nossa família, iluminando a vida de todos, com seus olhos puxados e brilhantes, com seu sorriso sincero e abraço afetuoso.

A inclusão só vai acontecer se acontecer também em nossos corações, com real vontade de inserir as PCD em nossas vidas, na família, na sociedade. E essa inclusão significa ajudá-las a conquistar a sua cidadania, ensinando-as a cumprir deveres como qualquer cidadão. Somente os governos, a escola, as leis e os profissionais não fazem o milagre da inclusão, que só vai acontecer quando aceitarmos a PCD como ela é e não como queríamos que fosse, sem cobranças, sem críticas, sem fugir à realidade. Não podemos exigir direitos sem cumprir deveres.

A anormalidade é um desafio para todos nós que queremos aceitar e compreender tudo o que envolve a vida e as dificuldades de uma pessoa com deficiência. Compreender é muito mais que aceitar. É acreditar que todo ser humano é limitado, independentemente de ser deficiente ou não, e que todos temos um potencial a ser descoberto. Em uma sociedade competitiva e preconceituosa como a nossa, essa é uma tarefa, no mínimo, difícil. Se, atualmente, falamos muito em inclusão social, não a colocamos em ação porque a verdadeira inclusão acontece quando deixamos a teoria de lado e partimos para a prática, deixando os preconceitos de lado e dando oportunidade para que a PCD mostre sua eficiência.

Uma das questões mais complicadas do homem é entender e aceitar o outro como ele é, pois criamos um modelo de ser humano imposto pela sociedade moderna. Como a PCD não segue esse padrão, muitas vezes fica sem a convivência social. Para se conhecer verdadeiramente a capacidade de uma PCD, apenas dê a ela uma oportunidade. É triste, ao final desta jornada, constatar que o maior bloqueio ao progresso e à inserção das pessoas com deficiência não é o imposto pela genética, mas, sim, por nós mesmos. Se não permitirmos essa convivência e inclusão, como podemos aprimorar nossa sociedade?

Há quem diga que, num futuro talvez até próximo, a engenharia genética desenvolva-se a ponto de eliminar a Trissomia do cromossomo 21. Porém, não devemos aguardar a ciência para superarmos a nós mesmos e aceitar a convivência com a diferença. Nossos irmãos estão aí. Diferentes, sim. Capazes, também. Temos que ser os primeiros a acreditar neles. Sem falsas ilusões, inseri-los no contexto de acordo com o seu potencial. Descobrir isso junto com eles é o nosso desafio. Sem pena, ressentimentos ou frustrações. Apenas enxergando suas qualidades e aptidões.

Temos que acabar com os rótulos e começar a enxergar o potencial de cada ser humano, procurando atendê-lo de acordo com suas dificuldades, sempre criando possibilidades para o pleno desenvolvimento, dentro da capacidade, possibilidade e vontade de cada um. Como educadores, não devemos nos conformar em avaliar habilidades, destrezas, conhecimentos que o ser humano tem ou não tem ou em que medida os tem. Precisamos nos fixar na evolução do processo e não apenas no resultado final. Quanta evolução o Dudu já nos mostrou!

Embora atualmente alguns aspectos da Síndrome de Down sejam mais conhecidos, e a pessoa com Down tenha melhores chances de vida e desenvolvimento, uma das maiores barreiras para a inclusão social desses indivíduos continua sendo o preconceito.

No entanto, embora o perfil da pessoa com Síndrome de Down fuja aos padrões estabelecidos pela cultura atual – que valoriza sobretudo os padrões estéticos e a produtividade –, cada vez mais a sociedade está se conscientizando de como é importante valorizar a diversidade humana e de como é fundamental oferecer equiparação de oportunidades para que as pessoas com deficiência exerçam o direito de conviver na sua comunidade. Cada vez mais, as escolas do ensino regular e as indústrias preparadas para receber as PCD têm relatado experiências muito bem-sucedidas de inclusão benéficas para todos os envolvidos.

A participação de crianças, adolescentes, jovens e adultos com deficiência nas atividades de lazer é encarada cada vez com mais naturalidade e pode-se perceber que já existe a preocupação de garantir que os programas voltados à recreação incluam a pessoa com deficiência. Para garantir a inclusão social da pessoa com Síndrome de Down, devemos:

- Transmitir informações corretas sobre o que é Síndrome de Down;

- Receber com naturalidade pessoas com Síndrome de Down em locais públicos;

- Estimular suas relações sociais e sua participação em atividades de lazer, como esportes, festas, comemorações e outros encontros sociais;

- Garantir que os responsáveis pela programação voltada ao lazer, à recreação, ao turismo e à cultura levem em consideração a participação de pessoas com Síndrome de Down;

- Garantir que os departamentos de Recursos Humanos das empresas estejam preparados para avaliar adequadamente e contratar pessoas com Síndrome de Down;

- Não tratar a pessoa com Síndrome de Down como se fosse doente. Respeitá-la e escutá-la.

Fonte: reproduzido a partir da publicação "Informações sobre a Síndrome de Down destinadas a profissionais de Unidades de Saúde", do Ministério da Saúde.

Colocar-se no lugar do outro é uma postura que pode nos possibilitar posicionamentos mais éticos e de respeito, modificando preconceitos e injustiças, pois sempre que pensamos como nos sentiríamos se estivéssemos no lugar do outro modificamos modos de pensar e agir. Preconceitos, geralmente, são produtos de nossa ignorância, resultado de nossa postura de pensar a realidade a partir daquilo que conhecemos e vivenciamos, sem pensar em outros aspectos, sem avaliar o que os outros podem sentir. Que possamos, portanto, evoluir e compreender essa realidade que o Dudu tanto nos ensina: todos somos diferentes, mas devemos ter oportunidades iguais. Como nos ensina o filme *Do luto à luta*: quando os bebês começam a andar, nós os chamamos para caminhar. Ter um parente ou amigo com deficiência é um chamado para nos conhecer melhor e nos aprimorar como ser humano. Sabemos que nem todas as pessoas têm obrigação de aceitar as PCD, mas respeitá-las é o mínimo que se espera.

Digo que o meu irmão me trouxe para uma nova realidade. Deu à minha vida um sentido especial. Com ele, consegui ver o mundo com um olhar mais humano. Dudu me permite evoluir, pois me faz questionar sobre nosso papel no mundo. As oportunidades são dadas. Cabe a nós aproveitá-las. Para mim, não é possível viver são sem um sentido para a vida. Isso é deixá-la passar em branco. Dudu foi a maior oportunidade que eu tive para desenvolver e reconhecer as minhas próprias forças e fraquezas.

Acredito que meus pais se preocupam que o Dudu possa se transformar, futuramente, em um peso para os seus irmãos. Gostaria que soubessem que, por mim, será o peso de uma pluma, com a leveza de um ser humano especial. Será um prazer conviver com ele.

Como acompanhei toda a trajetória de vida do meu irmão, sei de alguns de seus sofrimentos, de suas dificuldades e de suas superações e lutas. Fizemos o que todos deveriam ter feito. Nada mais, nada menos do que dar amor, essa palavrinha mágica que só funciona se for de verdade. Amor não se finge, não se acha, nem se compra. Simplesmente se ama ou não.

Como não poderia deixar de ser, e antes de finalizar o livro, convido os leitores que tiveram a oportunidade de ler até aqui para ver os vídeos dele que constam nas últimas páginas desta obra e no nosso site www.manodown.com.br, bem como escutar o CD de seu grupo, o Zumberê. Quero terminar este singelo trabalho com uma música, paixão do Eduardo. Porém, antes dela, gostaria de expressar que ter um irmão diferente, para alguns, pode ser um grande trauma. Obviamente nos causa muitas perguntas, principalmente sobre nossos valores e sentido da vida. Por ter esta oportunidade, agradeço imensamente, primeiramente aos meus pais e especialmente ao Eduardo. Obrigado sempre.

Com esta iniciativa do livro, gostaria de ressaltar o exemplo do Dudu. Convoco todos a entrar em seu mundo e ver que, além de sua aparência tão marcada pela síndrome, estão seus medos, seus conflitos, seus desejos e, quem sabe, possam ver o que talvez não esperavam: que seus sentimentos são semelhantes aos nossos. Quem sabe agora, após contar esta história, quando encontrarmos pessoas com deficiência na rua, possamos fixar nosso olhar não na síndrome que as faz serem diferentes, mas nos empenhemos em nos questionar: quem está aí?

Ninguém é igual a ninguém. Por isso, somos autênticos e únicos. Dudu me ensinou o mais importante na vida: nunca deixar de demonstrar nossos sentimentos aos que amamos. Foi esse ensinamento que tentei demonstrar neste livro.

Nota final

Quis o destino que, no dia 5 de abril de 2011, quando estava engajado na confecção deste livro, recebesse um telefonema de um grande amigo, Daniel, que ganhou de presente um filho com Down que, por coincidência, se chama também Eduardo. Tenho certeza de que, em nosso círculo de amigos, ele será bem-vindo. Os que convivem com Dudu estão mais maduros e menos preconceituosos, o que tornará a presença do novo reizinho mais uma fonte de ensinamento.

Vale um recado ao casal Daniel e Patrícia: o nascimento de uma criança com Down deve ser sentido com amor e agradecimento. É um presente especial e cabe a nós descobrir se somos merecedores dele. Pelas conversas que tivemos, tenho certeza de que já tiraram de letra todos os eventuais problemas e que, com amor, terão só alegrias e surpresas boas.

Encontro do ano.   Nova família.

Frase final

A utopia está lá no horizonte. Eu me aproximo dois passos, ela se afasta dois. Caminho dez passos e o horizonte corre dez. Por mais que caminhe, jamais o alcançarei. Para que serve a utopia? Serve para isto: para que eu não deixe de caminhar.
Eduardo Galeano, jornalista e escritor uruguaio.

Ser Deficiente (poema final)

por João Correia

Ser deficiente...
Não é ter deficiência física ou psicológica
É deficiência de ideias
Incessantemente
De raciocínios sem lógica.
Amar e ser amado por quem somos
Deficiências todos temos
De ideias e preconceitos
Todos humanos, todos com defeitos
Amar e ser amado
Lutar e ser lutador,
vencer a luta duma dor inesquecível.
Um amor verdadeiro
Uma inocência na deficiência
Lutadores e vencedores
Lutar contra o vencedor da partida.
Mas vencedores da vida.
Conhecedores da sobrevivência,
todos lutadores contra a luta e contra as dores.
Um viver e renascer
Na luta, vida vencer.

Amigo de Fé (música final)

Roberto Carlos

Você meu amigo de fé,
Meu irmão camarada,
Amigo de tantos caminhos, de tantas jornadas,
Cabeça de homem, mas o coração de menino,
Aquele que está do meu lado em qualquer caminhada,
Me lembro de todas as lutas, meu bom companheiro,
Você tantas vezes provou que é um grande guerreiro,
O seu coração é uma casa de portas abertas, Amigo, você
é o mais certo das horas incertas!
Às vezes em certos momentos difíceis da vida,
Em que precisamos de alguém pra ajudar na saída,
A sua palavra de força, de fé e de carinho,
Me dá a certeza de que eu nunca estive sozinho,
Você, meu amigo de fé,
Meu irmão camarada,
Sorriso e abraço festivo, na minha chegada,
Você, que me diz as verdades, com frases abertas,
Amigo, você é o mais certo das horas incertas,
Não preciso nem dizer,
Tudo isso que eu lhe digo,
Mas é muito bom saber,
que eu tenho um grande amigo!

Momentos

Com seu tio Maurício.

Infância.

Com sua tia Eliane.

Com seus primos, aos seis anos.

Começando a aprender percussão.

Com seu tio Marcílio.

Despertar.

O aprendizado do dia a dia.

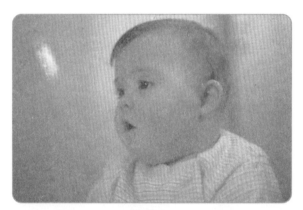

Bebê.

Desde muito cedo, a música.

Aniversário de cinco anos.

Aniversário de oito anos.

Primeiro dia na escola Despertar.

Banana de pijama, outro apelido.   Sempre juntos.

Paróquia São Bento

CGC: 17305249/0138-06 – Inscrição Estadual: isente
Rua José Batista Ribeiro, 135
Tel.: 364-4782 – Bairro São Bento
30.350 – Belo Horizonte – MG

CERTIDÃO DE BATISMO

No dia __seis__ de __outubro__ de 19 __91__,

__Monsenhor Geraldo dos Reis Calixto__

batizou solenemente __Eduardo Gontijo Vieira Gomes__,

nascido (a), aos __19__ de __setembro__ de 19 __90__,

em __Belo Horizonte__.

Pais: __Marcelo Fábio Vieira Gomes__

e __Marina Valadares Gontijo Vieira Gomes__.

Padrinhos: __José Silvio Vieira Gomes__

e __Maria Bernadete Pontes Gomes__.

Pároco: __Monsenhor Geraldo dos Reis Calixto__.

LIVRO: __01__ FOLHA: _____ NÚMERO: _____

Nada mais continha o referido assentamento, que fielmente copiei.

Paróquia SÃO BENTO, em Belo Horizonte,

aos __seis__ do mês de __outubro__ de 19 __91__.

PÁROCO

Sinete
paroquial

Leonardo Gontijo

NOME Eduardo Gontijo V. Gomes
CLÍNICA Dr. José Eustáquio Mateus
DATA DA COLHEITA 11.10.90

MATERIAL BIOLÓGICO	SANGUE		
TSH (IRMA)	7,0 mcUI/ml	**CAPTAÇÃO DE T_3**	32,2 %
Valores de referência		Valores de referência	25,0 a 37,0%
Eutireoideo:	0,4 a 4,0 mcUI/ml	**T_3** (RIE)	
Hipotireoideo:	superior a 6,5 mcUI/ml		
Hipertireoideo:	até 0,1 mcUI/ml	Valores de referência	80 a 210 ng/dl
HCG (SUB UNIDADE BETA)		**TIROXINA** (RIE)	
		Valores de referência	5,0 a 13,0 mcg/dl
Valores de referência		**PROGESTERONA** (RIE)	
Valores acima de 25 mUI/ml = gravidez.			
Valores entre 10 e 25 mUI/ml = gravidez provável.		Valores de referência	
Valores abaixo de 6 mUI/ml = neg. p/ gravidez.		Homens:	6 a 44 ng/ml
		Mulheres: Fase Folicular	0,1 a 1,5 ng/ml
PROLACTINA (RIE)		Fase Luteínica	2,5 a 28,0 ng/ml
Valores de referência		Pós Menopausa	0,0 a 0,1 ng/ml
Homens:	41 a 289 mcUI/ml		
Mulheres:	53 a 520 mcUI/ml	**HGH**	
Pós Menopausa:	35 a 357 mcUI/ml	(RIE)	
TESTOSTERONA (RIE)			
Valores de referência		Valores de referência	
Homens:	360 a 990 ng/dl	Basal até 7,0 ng/ml	
Mulheres:	15 a 110 ng/dl	Pós Estímulo: valor 2 ou 3 vezes superior ao basal do paciente.	
Pré-Púberes: Masculino	50 a 200 ng/dl		
Feminino	10 a 30 ng/dl	**CORTISOL Plasmático** (RIE)	
Crianças: Masculino	4 a 30 ng/dl		
(1 a 10 anos) Feminino	3 a 20 ng/dl		
L H (ICSH) (RIE)		Valores de referência	
Valores de referência		8h	5 a 25 mcg/dl
Homens:	1,5 a 9,2 mUI/ml	18h	2,5 a 12,5 mcg/dl
Mulheres: Fase Folicular	1,8 a 13,4 mUI/ml		
Meio do Ciclo	15,6 a 78,9 mUI/ml	**17$_\beta$ ESTRADIOL** (RIE)	
Fase Luteínica	0,7 a 19,4 mUI/ml	Valores de referência	
Pós Menopausa	10,8 a 61,4 mUI/ml	Homens:	6 a 44 pg/ml
Pré-Púberes	até 0,9 mUI/ml	Mulheres: Fase Folicular	10 a 200 pg/ml
FSH (RIE)		Meio do Ciclo	120 a 375 pg/ml
		Fase Luteínica	15 a 260 pg/ml
Valores de referência		Pós Menopausa	0 a 14 pg/ml
Homens:	1 a 14 mUI/ml	Crianças	até 20 pg/ml
Mulheres: Fase Folicular	3 a 12 mUI/ml	Observações:	
Meio do Ciclo	8 a 22 mUI/ml		
Fase Luteínica	2 a 12 mUI/ml		
Pós Menopausa	35 a 151 mUI/ml		
Crianças	até 5 mUI/ml		

JOSÉ CARLOS V. COLLARES Fº
CRM 5530

LEONIDES REZENDE JR.
CRM 7382

ANTONIO MÁRCIO LOPES
CRF 2878

GILBERTO JOSÉ MARTINS
CRF 3489

BIOTEST Patologia Clínica
Rua Padre Rolim, 428
Tel.: 225-0599

Exame de sangue.

19 09 2010

Gatinho, Feliz Aniversário; que seja muito feliz; que sua vida vai encher de muita alegria.

Continua sempre alegre, quando abre este sorriso fica mais lindo; gosto do seu jeito carinhoso; que tenho carinho por você.

Foi legal se conhecer, e conversamos muito; e também se divertimos; e gostei mesmo.

Desejo para você, toda a felicidade do mundo; você é grande namorado; que conheci.

De Seu Amorzinho

Mariana

Carta de Mariana.

As crianças aprendem o que vivenciam

Se as crianças vivem ouvindo críticas, aprendem a condenar.
Se convivem com a hostilidade, aprendem a brigar.
Se as crianças vivem com medo, aprendem a ser medrosas.
Se as crianças convivem com a pena, aprendem a ter pena de si mesmas.
Se vivem sendo ridicularizadas, aprendem a ser tímidas.
Se convivem com a inveja, aprendem a invejar.
Se vivem com vergonha, aprendem a sentir culpa.
Se vivem sendo incentivadas, aprendem a ter confiança em si mesmas.
Se as crianças vivenciam a tolerância, aprendem a ser pacientes.
Se vivenciam os elogios, aprendem a apreciar.
Se vivenciam a aceitação, aprendem a amar.
Se vivenciam a aprovação, aprendem a gostar de si mesmas.
Se vivenciam o reconhecimento, aprendem que é bom ter um objetivo.
Se as crianças vivem partilhando, aprendem o que é generosidade.
Se convivem com a sinceridade, aprendem a veracidade.
Se convivem com a equidade, aprendem o que é justiça.
Se convivem com a bondade e a consideração, aprendem o que é respeito.
Se as crianças vivem com segurança, aprendem a ter confiança em si mesmas e naqueles que as cercam.
Se as crianças convivem com a afabilidade e a amizade, aprendem que o mundo é um bom lugar para se viver.

Dorothy Law Nolte

Os dez mandamentos dos irmãos de pessoas com deficiência

Adaptado de Isa Oliveira Carvalho

1º Amar o irmão. O amor dos irmãos pode fazer por ele mais do que muitos tratamentos.

2º Respeitar o irmão. A atitude dos irmãos ajudará a determinar o respeito que a família e a sociedade terão pelo deficiente.

3º Aceitar o irmão. Como qualquer membro da família, ele tem o direito de ser recebido e tratado com carinho pelos irmãos.

4º Não se culpar nem procurar culpados pela deficiência do irmão, seja ela qual for.

5º Buscar orientação segura para oferecer o melhor apoio, vivências e assistência ao irmão.

6º Cuidar do irmão. Cumprir essa tarefa é assumir o verdadeiro papel de coautor da criação dele.

7º Ajudar a criar um ambiente de paz e harmonia no lar.

8º Não se deixar enganar pelos falsos milagres. Procurar sempre tratamentos já comprovados.

9º Apresentar o irmão com deficiência ao mundo. Ele não é criminoso, portanto, não deve ser excluído do convívio social.

10º Saber que só Deus conhece todas as possibilidades de qualquer ser humano. Cabe aos irmãos ajudar a ampliar e não estreitar os limites do filho com deficiência.

Vídeos

1 - Enviado para participação no programa da Xuxa. Infelizmente não tivemos retorno (2008):
http://www.youtube.com/watch?v=9BFUdXgogS0

2 - Vídeo de final de ano, participação do Dudu na empresa Verde Gaia, 2010:
http://www.youtube.com/watch?v=_MatYbM3rXA

3 - Homenagem/2011-04-24:
http://www.youtube.com/watch?v=rsBfkbY2ESA

4 - Marina Silva na Câmara Municipal de Belo Horizonte:
http://www.youtube.com/watch?v=BVUcjPlqOIs

5 - Bloco Avacaia:
http://www.youtube.com/watch?v=QxmERY2JbRY&feature=related

6 - Show no Music Hall:
https://picasaweb.google.com/109443931573415819186/LivroDU?authkey=Gv1sRgCLGA6Lvl8Ye3bw&feat=email#5601039380272252002

Oração excepcional

Autor desconhecido

Se todos se unirem, a força será bem maior.
Essas crianças merecem um mundo melhor.
Se um dia olhar em seus olhos, irá perceber o que querem dizer:
dê-me sua mão, pois a minha esperança é você. Se um dia você, por
acaso, perder a esperança, pode buscá-la nos olhos de uma criança.
Quem faz o sorriso brotar,
não vai encontrar mais razão pra chorar.
Dê-me sua mão, pois a minha esperança é você.
Muitos não podem falar,
outras não sabem correr,
Mas se você der amor, elas irão compreender.
Todos na mesma oração.
Queremos você em nosso coração.
Dê-me sua mão, pois minha esperança é você.

Deficiências

Mário Quintana

"Deficiente" é aquele que não consegue modificar sua vida, aceitando as imposições de outras pessoas ou da sociedade em que vive, sem ter consciência de que é dono do seu destino.

"Louco" é quem não procura ser feliz com o que possui.

"Cego" é aquele que não vê seu próximo morrer de frio, de fome, de miséria, e só tem olhos para seus míseros problemas e pequenas dores.

"Surdo" é aquele que não tem tempo de ouvir um desabafo de um amigo, ou o apelo de um irmão. Pois está sempre apressado para o trabalho e quer garantir seus tostões no fim do mês.

"Mudo" é aquele que não consegue falar o que sente e se esconde por trás da máscara da hipocrisia.

"Paralítico" é quem não consegue andar na direção daqueles que precisam de sua ajuda.

"Diabético" é quem não consegue ser doce.

"Anão" é quem não sabe deixar o amor crescer.

E, finalmente, a pior das deficiências é ser miserável, pois:

"Miseráveis" são todos que não conseguem falar com Deus.

"A amizade é um amor que nunca morre."

Filmes sugeridos

- **Amor acima de tudo;**
- **O oitavo dia;**
- **Meu pé esquerdo;**
- **O óleo de Lorenzo;**
- **Nós sempre te amaremos;**
- **Tempo de despertar.**

Leitura sugerida

ALVES, Fátima. *Para entender a Síndrome de Down.* Rio de Janeiro: Wak Editora, 2007.

BLASCOVI ASSIS, S.M. & MONTEIRO, M.I.B. *Atividade física para crianças com Síndrome de Down.* Ciência Hoje, v.10, n.56, p.10-1, 1989.

CARNEIRO, Maria Sylvia Cardoso. *Adultos com Síndrome de Down: a deficiência mental como produção social.* Editora Papirus, 2008.

COLLARES, Liane. *Liane, mulher como todas.* WVA Editora (Liane tem Síndrome de Down, obra escrita pela própria).

CUNNINGHAM, Cliff. *El Síndrome de Down: uma introducion para padres.* 1. ed. Fundacion Catalana Síndrome de Down, 1990.

CYRENO, Lúcia. *O pequeno rei Arthur: convivendo com a Síndrome de Down.* São Paulo: Paulinas, 2007.

DANIELSKI, Vanderlei. *A Síndrome de Down: uma contribuição à habilitação da criança Down.* Tradução Jeanne Borgerth. Editora Ave Maria.

DIAS, Cecília. *Construindo o caminho: um desafio aos limites da Síndrome de Down.* São Paulo: Augustus, 2000.

FONSECA, Vítor da. *Educação especial.* 2.ed. Porto Alegre: Artmed, 1995.

GARCIA, G.L.; Roth, M.G.M.; Sobreiro, B.P. *Síndrome de Down: manual de orientação para pais.* Pelotas. UFPEL/Editora Universitária, 1991.

MAYR BIBAS, Josiane; DUARTE, Ângela Marques. *Ideias de estimulação para a criança com Síndrome de Down.* (http://www.reviverdown.org.br/)

MONTEIRO, M.I.B. et al. *Síndrome de Down: orientação a pais. Fundação Síndrome de Down*, Campinas, SP, SID.

NADUR, Marcelo. *Síndrome de Down: relato de um pai apaixonado.* São Paulo: Gaia, 2010.

PASCHOAL, O. *Down, a síndrome do acaso: dar a Cesar o que é de Cesar.* São Paulo: Ed. Edicon, 2002.

POWELL, Thomas H. *Irmãos especiais: técnicas de orientação e apoio para o relacionamento com o deficiente.* Tradução: Lea E. Passalacqua. São Paulo: Malteses-Orma, 1992.

PROENÇA, Iva. *Inclusão começa em casa – o diário de uma mãe.* Editora Ágora.

PUESCHEL, S. (org.). *Síndrome de Down: guia para pais e educadores.* Campina: Papirus, 1993.

PUPO FILHO, R. A. *O momento da notícia. Informativo UP Down, n 2*, Abril/Maio, Santos, SP, 1992.

SAAD, S.N. *Preparando o caminho da inclusão: dissolvendo mitos e preconceitos em relação à pessoa com Síndrome de Down.* São Paulo: Ed. Vetor, 2003.

STRAY-GUNDERSEN, Karen (org.). *Crianças com Síndrome de Down: Guia para pais e educadores*, Artmed.

STREDA, Vinícius Ergang. *Nunca deixe de sonhar: os sonhos e a vida de um jovem com Síndrome de Down.* 2. ed. Santo Ângelo: Furi, 2010.

TEZZA, Cristovam. *O filho eterno.* Editora Record, 2007.

TUNES, Elisabeth; PIANTINO, L Danezy. *Cadê a Síndrome de Down que estava aqui? O gato comeu.* Campinas: Autores Associados, 2001.

VOIVODIC, Maria Antonieta M.A. *Inclusão escolar da criança com Síndrome de Down.* Petrópolis: Vozes, 2004.

WERNECK, C. *Muito prazer, eu existo: um livro sobre as pessoas com Síndrome de Down.* 2 ed. Rio de Janeiro: Ed. WVA, 1993.

Campanhas interessantes

http://jonas4ever-jonasbrothers.blogspot.com/2011/04/kids-of-future-em-propaganda-da-meta.html
http://www.youtube.com/user/DSiWDSD

Aplicativo

Para interessados em aprofundar-se sobre o assunto:
http://www.medicina.ufmg.br/down/download.htm

Sites recomendados

www.serdown.org.br
www.apae.org.br
www.cede.com.br
www.belohorizonte.apaebrasil.org.br
www.sindromededown.com.br
www.crepusculo.org.br
www.despertaronline.com.br/html/index.html

www.escolacriativaidade.com.br
www.youtube.com/watch?v=1Vzy7usffyY
www.letras.terra.com.br/xuxa/268641

Mais informações: www.manodown.com.br

Livro impresso nas tipologias Adobe Garamond Pro
e Fredoka One pela gráfica Noschang em julho de 2020.